Reinaldo**Domingos** | Irani**Cavagnoli**

Papo
emp████**edor**

Copyright© 2013 by Reinaldo Domingos
Irani Cavagnoli

Direção editorial
Simone Paulino

Editoras-assistente
Patrícia Almeida
Renata de Sá

Projeto gráfico
Denise Patti Vitiello

Diagramação
Roseli Lima

Revisão
Ângela Cruz
Patrícia Dourado

Impressão
Intergraf Ind. Gráfica Eireli

Todos os direitos desta edição são reservados à
Editora DSOP.
Av. Paulista, 726 | Cj. 1210 | 12º andar
Bela Vista | CEP 01310-910 | São Paulo - SP
Tel.: 11 3177-7800
www.editoradsop.com.br

```
          (Câmara Brasileira do Livro, SP, Brasil)

     Domingos, Reinaldo
        Papo empreendedor / Reinaldo Domingos, Irani
     Cavagnoli. -- São Paulo : Editora DSOP, 2013.

        ISBN 978-85-8276-028-4

        1. Empreendedores 2. Finanças 3. Investimentos
     4. Negócios I. Cavagnoli, Irani. II. Título.


13-10945                              CDD-332.6
```

Índices para catálogo sistemático:

1. Educação financeira : Economia   332.6

Sumário

Introdução	6
Prefácio	10

PARTE 1

O que é
ser empreendedor? 14

Como identificar
as oportunidades de negócio 30

Como avaliar
a viabilidade do negócio 48

Como transformar
o empreendimento em um sonho real 64

Como lidar
com oportunidades e ameaças ao negócio 74

Como elaborar
um plano de negócios viável 84

Como poupar
para investir mais 104

PARTE 2

Como cada um
concretizou seu plano de negócio 120

Como identificar
e combater as principais falhas 128

Como considerar
os prós e contras do modelo familiar de empresa ... 166

Como avaliar
as vantagens e as desvantagens do modelo de franquia ... 172

Como empreender
no modelo de empreendedorismo corporativo ... 176

Introdução

Este livro reúne experiências que foram vividas pelos autores e acumuladas em décadas de trabalho como professores e empresários. Optamos por desenvolver seu conteúdo na forma de diálogo entre seis personagens fictícios, todos candidatos a empreendedores. Nas páginas que se seguem, serão apresentadas questões sobre empreendedorismo formuladas pelos personagens e respondidas pelos autores, que vão atuar como conselheiros.

Falar sobre empreendedorismo é abordar um tema moderno, interessante e necessário a todos aqueles que estão dispostos a iniciar um novo negócio ou reformulá-lo. Partindo do caráter atual do tema e do nosso envolvimento pessoal com essa área, tanto em termos teóricos como práticos, percebemos a importância de escrever este livro.

O sucesso obtido por Reinaldo Domingos, coautor desta obra, com a aplicação da **Metodologia DSOP** em diversas atividades ligadas à Educação Financeira, contribuiu fundamentalmente para motivar e concretizar essa empreitada. A **Metodologia DSOP** é a espinha dorsal do desenvolvimento deste livro. "Podemos escrever um texto diferente que reflita a utilidade da aplicação da **Metodologia DSOP** no campo do empreendedorismo", me disse Reinaldo certa vez.

Este livro se destina a todos que sonham desenvolver seu próprio negócio ou um empreendimento social, aos empreendedores que planejam expandir seus negócios, bem como aos profissionais que ambicionam implementar novos negócios ou projetos inovadores em empresas ou corporações, públicas ou privadas, com as quais estão vinculados.

Considerando o conhecimento que adquirimos, principalmente, na vivência empresarial, podemos destacar três qualidades que uma pessoa, ou grupo de pessoas, deve possuir para obter sucesso em qualquer empreendimento: talento, competência e experiência.

Por talento empreendedor entende-se o poder ou a capacidade natural de fazer ou agir física, mental, legal, moral e financeiramente para desenvolver e executar um novo negócio ou projeto. Não se trata de algo que se aprende, pois o talento é uma inclinação natural para realizar certas coisas.

Portanto, a primeira pergunta que fazemos a você, leitor, que deseja se tornar um empreendedor é a seguinte: Você possui talento para isso?

Ter talento empreendedor é uma condição básica para o sucesso. Sem ele, de nada adiantarão os esforços para absorver os ensinamentos deste livro. Nas páginas seguintes, você vai encontrar as pistas para fazer uma autoavaliação que o levará a descobrir se tem ou não essa capacidade.

A competência empreendedora, a segunda qualidade, é a capacidade de adquirir conhecimentos, habilidades e atitudes empreendedoras que podem ser ensinadas e representam os objetivos deste livro.

Finalmente, e não menos importante, a terceira qualidade é a experiência. Ela, assim como o talento, não pode ser ensinada, mas desenvolvida a partir do momento em que se decide idealizar, desenvolver e implementar um novo negócio ou projeto.

A experiência pode ser adquirida com a prática dos ensinamentos ministrados nesta obra. Com ela, você terá a oportunidade de transformar o sonho empreendedor em algo concreto e de valor para a sociedade, tanto em termos econômicos como sociais.

Para ajudar o potencial empreendedor a realizar seu sonho, o desenvolvimento da competência empreendedora será fundamentado, como anteriormente mencionamos, na consagrada **Metodologia DSOP**, que é formada por quatro pilares: Diagnosticar, Sonhar, Orçar e Poupar.

Diagnosticar

Significa que o empreendedor que busca o sucesso em um novo negócio ou projeto deve, em primeiro lugar, fazer o "reconhecimento do terreno em que pretende pisar". O objetivo é pôr os pés em terra firme e, assim, evitar as muitas armadilhas que se encontram nos terrenos movediços.

O candidato a empreendedor precisa pesquisar o campo de oportunidades que pretende explorar e apurar informações relevantes que vão permitir a escolha do novo negócio ou projeto. E a conscientização é o primeiro passo a ser dado!

Sonhar

As oportunidades para empreender são muitas, e o empreendedor necessita escolher aquela que melhor se ajusta ao seu sonho. É nesse ponto que um novo negócio ou projeto é idealizado: esse é o momento da geração da ideia básica de como explorar uma oportunidade que represente, o mais próximo possível, o sonho.

Segundo Reinaldo Domingos, os sonhos têm a capacidade de motivar e levar as pessoas a crescer e prosperar. Seja qual for sua situação financeira, é preciso sempre renovar os sonhos e os objetivos. Você precisa sonhar, pois assim se sentirá motivado a buscar a condição necessária para realizar tudo o que deseja.

Orçar

Significa perguntar: Quanto vai custar a realização do sonho de um novo negócio ou projeto? Para responder a essa questão, o empreendedor precisa realizar um planejamento que vai ajudá-lo a desenvolver o novo negócio ou projeto idealizado.

Chamamos de plano de negócio o resultado desse planejamento, que deve especificar "o que", "como", "quando" e a "que custo" será implementada a oportunidade escolhida pelo potencial empreendedor.

Poupar

Não basta ter um plano de negócio, é preciso transformá-lo em algo concreto para que o sonho se realize e se torne algo de valor para a sociedade. É necessário, portanto, reunir os recursos financeiros, humanos, materiais e organizacionais para consolidar o empreendimento.

É fato que o empreendedor tem de contar com recursos financeiros suficientes para viabilizar o novo negócio ou projeto. Esse objetivo só será atingido se o empreendedor, em primeiro lugar, poupar, ou seja, acumular capital suficiente para realizar os investimentos previstos no plano de negócio.

Depois de diagnosticar, definir os sonhos e adequar o orçamento, você precisa poupar o dinheiro para que eles se realizem. Além de ser o recurso necessário para realizar todos os seus sonhos, um dos destinos que o dinheiro poupado pode ter é o da independência financeira.

Boa leitura!

REINALDO DOMINGOS E IRANI CAVAGNOLI

Prefácio

> "A única maneira de fazer um excelente trabalho é amar o que você faz." Steve Jobs

"**O** que é preciso fazer para uma empresa ter sucesso"? "Qual a receita mágica"? Com uma certa frequência, pessoas que estão pensando em abrir uma empresa e as que querem tornar seus empreendimentos mais competitivos, me fazem estas perguntas. Com mais de 50 anos à frente de diversos negócios, tenho que confessar que ainda não consegui fechar totalmente essa equação, mas minha trajetória me diz que a busca constante por conhecimento, consolidação de uma rede de contatos, perseverança e o descarte de receitas mágicas são ingredientes essenciais no dia a dia do empreendedor. Tudo isso recoberto com muito amor pelo que faz.

Afinal, quando temos paixão por algo (ou alguém) nossos esforços, dedicação, conhecimento e vontade de fazer o certo vêm em primeiro lugar, independentemente de sua empresa funcionar no fundo da sua casa ou em uma grande planta industrial. Beatriz, Alexandre, Rafael, Giovanna, Mark e Rose, os personagens deste *Papo Empreendedor* trazem, cada um com seu peso e medida, a garra e a determinação de atingir a autorrealização pessoal e profissional conjugando o verbo empreender.

É lógico que não podemos negar que planejamento, controle e gestão das finanças, investimentos em *marketing* e tecnologia são necessários para o sucesso nos negócios. No entanto, antes de dominar essas ferramentas, é preciso focar em cinco pontos comportamentais que acredito ser primordiais para os que decidem empreender:

- Definir o que você realmente quer e para que propósito.
- Ter respeito por seus clientes, fornecedores, colaboradores e concorrentes.
- Estar aberto às novidades e aprender sempre.
- Ter humildade sempre.
- Ser um eterno inovador.

Afinal, ser um empreendedor, ainda mais um empreendedor de sucesso, leva tempo e não deixa de ser um processo, uma prática permanente, extremamente árdua, repleta de prazeres e dissabores, mas que dá uma alegria sem precedentes quando se consegue superar os limites. É exatamente isso que Reinaldo Domingos e Irani Cavagnoli conseguem trazer à tona em uma série de bate-papos que vão construindo a rota para atingir a melhor forma de abrir e gerenciar uma empresa, mesclando na dose certa os conhecimentos teóricos necessários e o desafios e as oportunidades do dia a dia.

É natural, ao longo desta intensa jornada, que erros sejam cometidos – o que é perfeitamente normal –, já que não existem seres humanos perfeitos. O que vale a pena é levantar, olhar adiante e fazer o melhor uso do nosso livre arbítrio e dos conhecimentos e experiências adquiridos.

Digo isto porque já trilhei (e ainda trilho) este caminho empreendedor e sei dos percalços e também das alegrias. Eu nunca entrei em um empreendimento para ficar rico, mas para construir algo que agregasse à minha vida e gerasse o respeito da minha família e amigos. Desta forma, a gente trabalha feliz, mesmo que a jornada seja longa.

Comecei minha carreira empreendedora em uma joalheria, ramo que já conhecia bem, pois já havia trabalhado com meu tio nesta atividade até os 30 anos. Foi lá que aprendi como encantar os clientes, como conquistar a confiança de cada um deles e como fazê-los voltar e comprar um bem que não era de primeira necessidade. Confiança esta construída de uma maneira tão sólida que, em 1970, ao decidir ser o dono da minha própria joalheria, meus clientes me patrocinaram. Também foram meus clientes que me fizeram enxergar uma nova oportunidade. Três anos após abrir meu primeiro negócio, percebi que parte da clientela não queria mais comprar joias; agora elas estavam mais interessadas em carros.

Vendo este nicho, entrei em sociedade com um colega e estou neste ramo até hoje, inclusive comercializando maquinário agrícola, aproveitando o potencial que o agronegócio brasileiro ainda apresenta. Por isso não tenho receio de afirmar que a vida é um exercício permanente de aprendizagem. Os líderes que sempre figuram entre os melhores e maiores do mercado são aqueles que não se deixam levar pelo encanto do "bom ano" ou do "resultado positivo".

O empreendedor de sucesso está à frente do seu tempo, monitora o que está acontecendo à sua volta, participa de redes de contatos – graças aos avanços tecnológicos, isso tem se tornado uma tarefa cada vez mais fácil –, não tem medo ou vergonha de reconhecer seus limites e está sempre disposto a aprender. Por isso, caso você ainda tenha dificuldades em vislumbrar o andamento do seu próprio negócio, o SEBRAE-SP – entidade que presido atualmente –, está de portas abertas para apoiar os que decidiram empreender, com orientação e capacitação especializadas em gestão do negócio (que o diga o personagem Mark, que bem "utilizou" nossos serviços), ações de promoção comercial, muito utilizadas para iniciar e/ou ampliar a rede de parceiros necessária para o crescimento e a consolidação dos empreendimentos, de qualquer porte.

A faculdade da vida não fecha nem por um segundo e, a todo momento, tem algo novo a nos ensinar. Basta que você esteja atento. Isso tudo pode parecer óbvio, mas às vezes custamos a entender que a obviedade encerra em si um poder imenso: o poder de construir o inusitado.

ALENCAR BURTI

Alencar Burti é empresário do setor automobilístico. Atualmente preside o Conselho Deliberativo do SEBRAE-SP (Serviço de Apoio às Micro e Pequenas Empresas do Estado de São Paulo) e é diretor vice-presidente secretário da FACESP (Federação das Associações Comerciais do Estado de São Paulo) e membro do Conselho Superior da ACSP (Associação Comercial de São Paulo). Também foi presidente da CACB (Confederação das Associações Comerciais e Empresariais do Brasil). É membro do Conselho Diretor da Fenabrave (entidade da qual foi o fundador e o primeiro presidente) e da Associação Brasileira dos Distribuidores Ford (ABRADIF) e da Associação Brasileira de Distribuidores New Holland (ABRAFORT) e do World Trade Center (WTC).

PARTE 1
O que é
ser empreendedor?

Em uma sala cedida pelo empresário Reinaldo Domingos, no prédio em que se localiza o escritório central de suas empresas, estão reunidos Reinaldo, seu companheiro Irani Cavagnoli e mais seis pessoas interessadas em desvendar os caminhos do empreendedorismo. O professor Irani esclarece que, nesta primeira reunião, após as apresentações, o bate-papo terá como foco as perguntas e respostas sobre os temas introdutórios do empreendedorismo. Ao iniciar o bate-papo empreendedor, Reinaldo pede aos presentes que se apresentem.

– Olá, pessoal! Vamos dar início a nossa conversa sobre o empreendedorismo. Peço que cada um se apresente. Vou iniciar essa rodada com a minha própria apresentação. Meu nome é Reinaldo. Sou empresário e educador financeiro. Estou participando deste bate-papo com a intenção de contribuir com meus conhecimentos para orientá-los nas questões acerca do empreendedorismo. Agora é sua vez – diz Reinaldo, apontando para o colega Irani, sentado ao seu lado.

– Meu nome é Irani. Sou professor de empreendedorismo e consultor empresarial. Fui diretor executivo do SEBRAE-SP e, nesse cargo, tive a grande oportunidade de contribuir para o desenvolvimento do empreendedorismo no estado de São Paulo. Agora, peço que, por favor, deem continuidade às apresentações.

– Meu nome é Beatriz, mas podem me chamar de Bia. Tenho 21 anos. Estou concluindo o curso de administração de empresas. O que me motivou a participar deste grupo foi o fato de estar com grande dificuldade para encontrar um emprego formal, com registro em carteira relacionado a minha área de formação. Diante dessa dificuldade, decidi tentar a carreira de empreendedora e criar meu próprio negócio.

– Olá a todos! Meu nome é Alexandre, mas em minha casa todos me chamam de Alê. Tenho 55 anos e já estou me aposentando. Trabalho desde os 15 anos, por isso é muito difícil parar, além de acreditar que ainda é muito cedo para "vestir o pijama" e ficar atormentando a patroa o dia inteiro. Acumulei uma pequena reserva financeira conquistada em quarenta anos de trabalho árduo.

Tenho algumas ideias e pretendo não parar, pois acredito que tenho muita "lenha para queimar". Ter sucesso em um negócio próprio é o caminho que pretendo seguir para manter meu atual padrão de vida.

– Meus colegas de trabalho costumam me chamar de Rafa, um diminutivo do meu nome, Rafael. Estou prestes a completar 30 anos. Sou formado em engenharia e recentemente fui promovido ao cargo de gerente de desenvolvimento de novos negócios na empresa em que trabalho, uma grande corporação multinacional. Estou aqui motivado a entender o funcionamento do processo empreendedor dentro das organizações. Como o Alê, também tenho algumas ideias que pretendo propor aos meus superiores com o objetivo de transformá-las em negócios.

– Meu nome é Giovanna e tenho 40 anos. Recentemente passei por um período muito dramático em decorrência de um divórcio. Depois de conviver durante dezenove anos com meu ex-marido, sob sua total dependência financeira, de repente me vi obrigada a caminhar com as próprias pernas. Sempre gostei de culinária, por isso pensei em abrir um negócio nessa área. Com meu próprio negócio, poderei ganhar dinheiro para atender as minhas necessidades e as de meus dois filhos adolescentes, pois a pensão que recebo não é suficiente para manter o padrão de vida ao qual eu estava acostumada enquanto era casada.

– Primeiro, gostaria de dizer que é um grande prazer poder compartilhar todas as dúvidas que tenho sobre como explorar comercialmente a descoberta que fiz como pesquisador de uma das melhores universidades brasileiras. Sou Mark, doutor em química. Tenho 35 anos e desejo aprender, nesse bate-papo, o "caminho das pedras" para transformar meu invento em inovação.

– Meu nome é Rose. Acabo de completar 25 anos, sou descendente de pais afro-brasileiros e moro no Jardim Ângela, bairro da periferia da capital de São Paulo. Trabalho durante o dia e estudo à noite em uma escola pública. Estou terminando o Ensino Médio e me considero uma legítima representante da nova classe C. Desejo ajudar meus pais com a criação de um pequeno negócio que poderá suprir nossas necessidades financeiras.

Retomando a palavra, Reinaldo completa a rodada de apresentações.

– Agora que nos apresentamos e vocês já conhecem a motivação de cada um de nós para participar desta experiência de aprendizado, é chegada a hora de iniciar nosso diálogo, com o intuito de explorar o campo de conhecimentos do empreendedorismo.

Animado pelo clima familiar, o professor Irani se sente à vontade para expor suas primeiras impressões.

– Percebo que vocês estão realmente interessados em empreender. Um traço comum que observei é a curiosidade de conhecer novos caminhos e experiências, uma das qualidades essenciais para quem deseja iniciar um negócio ou projeto. Observo também outro comportamento fundamental, que é a iniciativa. Vocês não ficaram em casa, apenas sonhando ou à espera de alguma solução mágica que mudaria a vida de cada um. Todos demonstraram estar motivados para melhorar e aprender e ainda ávidos por compartilhar conhecimentos que possibilitem transformar o sonho de ser um empreendedor em algo real e de valor para si e para a sociedade. Curiosidade, iniciativa e motivação são os primeiros pré-requisitos comportamentais para ser um empreendedor de sucesso. Posteriormente, abordarei outras competências pessoais.

Após a fala do professor Irani, os participantes demonstram satisfação e confiança na jornada que iniciam. Acreditam que estão no lugar certo e com as pessoas certas. Mark exterioriza esse sentimento ao dizer:

– Sinto-me mais seguro sobre as pretensões de desenvolver um projeto que me proporcione uma renda com minha invenção. A conclusão do professor foi importante para responder a uma questão básica que me acompanha desde que decidi participar desta experiência: "O que estou fazendo aqui?". Agora, estou convencido de que posso trilhar o caminho do empreendedorismo!

Esse sentimento foi compartilhado pelos demais participantes com um aceno positivo de cabeça. E Rose dá sequência à conversa:

– Em minhas anotações aparecem, frequentemente, quatro palavras: empreendedorismo, empreendimento, empreendedor e empreender. Estou um pouco confusa, pois elas têm semelhanças entre si. Gostaria de saber o significado de cada uma.

– Ótima questão Rose, manifesta o professor Irani. Vou explicar o significado de cada uma. Conceituar o que é empreendedorismo é uma tarefa muito complexa. Fiz uma pesquisa na internet utilizando a seguinte questão: "O que é empreendedorismo?". Obtive, aproximadamente, cinco milhões de resultados só na língua portuguesa! Pensando nisso, vou responder a essa questão com base em minhas experiências. Empreendedorismo é o conjunto de ações cujo objetivo é incentivar pessoas, que agem isoladamente ou em grupo, a desenvolver novos empreendimentos econômicos, sociais, ambientais, culturais etc., que agregam valor à sociedade.

– Qual é o significado da palavra empreendimento, professor? – questiona Rose.

> O empreendimento é o resultado do empreendedorismo. Um novo negócio com ou sem fins lucrativos, um projeto de desenvolvimento de um novo produto ou serviço para uma empresa já instalada, uma organização com finalidade social ou pública são exemplos de empreendimentos. É aquilo que vocês estão pretendendo desenvolver aqui como projeto de vida profissional.

– Qual é a relação entre empreendimento e empreendedor?, continua ela.

– Empreendedor é aquele que identifica uma oportunidade e tem a iniciativa de desenvolvê-la por meio de um empreendimento, sozinho ou com outras pessoas. Assumem-se riscos calculados, incluindo a possibilidade de fracassar. Portanto, vocês são potenciais empreendedores – responde Irani.

– Empreendedor é aquele que empreende, não é, professor? – diz Rose em tom de brincadeira.

– Perfeito, Rose. Empreender é o ato de desenvolver um empreendimento ou aprimorar aquele que já existe, implementando uma ideia ou oportunidade. Consiste na identificação, no diagnóstico e no desenvolvimento de novos negócios ou projetos, com o objetivo de criar algo de valor para determinado segmento de pessoas por intermédio da inovação. Todas as motivações que foram apresentadas são as primeiras manifestações da aspiração de empreender – completou o professor Irani.

– Quer dizer que todo empreendimento deve ser inovador, ou seja, não deve ser igual a nenhum outro que existe, professor? – pergunta Mark.

– Não necessariamente. Inovar também significa fazer algo diferente do usual. Veja o caso da "Amazon". Vender livros em uma livraria é um dos negócios mais antigos, porém seu fundador, Jeff Besos, percebeu a necessidade de inovar e vender livros de maneira diferente, através da internet. Por isso, criou um negócio que hoje vale bilhões de dólares. A maioria dos novos negócios enquadra-se nesse conceito.

– O empreendedorismo é um fenômeno muito importante para o desenvolvimento de um país. Uma nação que deseja crescer deve proporcionar as condições para obter um elevado grau de empreendedorismo entre seus habitantes – acrescenta Reinaldo.

– Em relação a isso, o que podemos falar sobre o Brasil, Reinaldo? – pergunta Alê.

– O Brasil tem alcançado níveis elevados de empreendedorismo desde o início dos anos 1990 com a criação do SEBRAE-SP e do programa Sofitex. Esse é um dos motivos que levou o Brasil a ser considerado um país emergente, juntamente com a China, a Índia e a Rússia. É o que revela a pesquisa G.E.M.[1] (Global Entrepreneurship Monitor).

Ainda não satisfeito, Alê completa:

– Que outros dados você pode nos dar sobre isso?

– Segundo essa pesquisa, o país registrou, em 2010, o melhor resultado dos últimos onze anos em que participa da pesquisa, com a maior taxa de empreendedores em estágio inicial (TEA): 17,5% da população adulta (entre 18 e 64 anos). Esse percentual revela que 21,1 milhões de brasileiros exerceram atividade empreendedora nesse ano em empreendimentos com até três anos e meio de atividade. A atividade empreendedora é traduzida pelo número de pessoas, dentro da população adulta de determinado país, envolvida na criação de novos negócios.

– Por que uma pessoa escolheria a carreira profissional de empreendedor ao invés de procurar um emprego com carteira assinada? – questiona Bia, pedindo a palavra.

– Depende do perfil da pessoa em foco – responde o professor Irani.

Ainda confusa, Bia continua:

– Por favor, professor, gostaria que esclarecesse, de forma mais detalhada.

– Claro, Bia! Uma pessoa pode ter um perfil que indica algumas características mais apropriadas para seguir uma carreira profissional como empregado, tais como contar com a segurança de receber um salário fixo no fim do mês; preferir que alguém defina o trabalho a ser realizado, supervisione a execução e controle os resultados; gostar de trabalhos rotineiros; não ter interesse em conhecimentos que não sejam de sua área, entre outros.

– Todos que desejam seguir a carreira de empreendedor e empresário têm um perfil oposto ao que foi apresentado pelo professor – complementa Reinaldo.

– E quais são as diferenças entre os perfis? – questiona Bia.

[1] Empreendedorismo no Brasil. Disponível em: <http://www.sebrae.com.br/customizado/estudos-e-pesquisas/temas-estrategicos/empreendedorismo/relatorio_executivo.pdf>. Acesso em: 30 de julho de 2012.

– O empreendedor assume o risco de ter uma remuneração variável na forma de lucro, que pode ocorrer ou não. Define para si e os subordinados quais trabalhos serão realizados, como e quando, controlando e se responsabilizando pelos resultados. Busca incessantemente novos conhecimentos, procurando sempre inovar e, principalmente, não tem medo de errar e fracassar – responde Reinaldo.

Rafa, que é empregado de uma grande empresa, também se manifesta.

– É possível ser empregado e desenvolver uma carreira de empreendedor?

– Sim, é possível, embora isso exija um grande esforço para compatibilizar as duas atividades. Estou me referindo à iniciativa de realizar algum empreendimento fora da empresa com a qual mantém vínculo empregatício – argumenta Reinaldo.

– Vou apresentar outra situação relativa a essa questão: quando alguém, funcionário de uma empresa, deseja desenvolver um empreendimento ou projeto para lançar ou aperfeiçoar um produto, serviço ou processo que vai beneficiar a empresa, trata-se de um empreendedor corporativo ou intraempreendedor. Nesses casos, é importante que a empresa ofereça abertura e condições para viabilizar esse desejo – completa Irani.

– Será que a empresa na qual trabalho se enquadra nesse modelo? – indaga Rafa.

– Novos desafios derivados da evolução tecnológica, da globalização e do incremento da concorrência causam, nas atividades diárias das empresas, maior complexidade na busca da competitividade e do crescimento sustentável – informa o professor.

Mark, que estava muito atento à fala do professor, pergunta:

– Qual é a relação entre a competitividade e a inovação, professor?

Para uma empresa ser competitiva, ou seja, continuar operando no mercado em que atua, ela deve criar ou inovar sistematicamente por meio da melhoria contínua de seus produtos, serviços e processos. Do ponto de vista empresarial, inovação é a exploração de novas ideias que visam o melhoramento dos negócios, criando vantagens competitivas e gerando crescimento sustentável da empresa no mercado. Uma invenção só se transforma em inovação quando pode ser explorada comercialmente.

– Qual é a principal condição para que a inovação se desenvolva? – questiona Mark.

– Uma empresa deve contar, entre outras condições, com a colaboração dos funcionários e proporcionar os meios para que novas ideias sejam testadas e transformadas em inovações, se forem interessantes. Para atender a essa condição, deve utilizar incentivos que estimulem os colaboradores a correr riscos e a dedicar tempo a projetos de potencial inovador e empreendedor.

– Rafa, vou concluir a explicação do professor com algumas características básicas dessas empresas para que você possa avaliar o local em que trabalha – declara Reinaldo. A IBM, continua ele, publicou um interessante relatório, o *IBM Global CEO Study*[2], no qual se constata que a competência central desse tipo de empresa é a capacidade de mudar com rapidez e êxito. Ao invés de apenas responder às tendências, ela as cria e lidera. As mudanças em seus mercados e setores são oportunidades para avançar sobre a concorrência. Ela supera as novas e crescentes expectativas dos clientes mais exigentes. Acredito, Rafa, que a resposta à questão formulada pelo Mark cria condições para que você, agora, possa avaliar o perfil da empresa e concluir se ela tem potencial para atender seu desejo de ser intraempreendedor.

Demonstrando certo grau de frustração, Mark afirma:

– Acredito que meu interesse de desenvolver um empreendimento não será possível já que estou vinculado, como professor e pesquisador, a uma universidade e julgo que ela não se enquadra nas condições apresentadas pelo Irani e pelo Reinaldo.

– Aí que você se engana, Mark – contesta Irani! – Muitos pesquisadores estão trilhando a carreira de empreendedor e obtendo êxito com a criação de negócios para explorar suas invenções. Uma boa parte das universidades brasileiras conta com uma incubadora de base tecnológica, visando dar vazão ao espírito empreendedor de seus pesquisadores.

Surpresa, Giovanna se manifesta, questionando Reinaldo:

– Não entendi muito bem essa questão de incubadora. O senhor poderia explicar melhor?

– As incubadoras de negócios atuam de forma semelhante às incubadoras situadas em estabelecimentos hospitalares, que proporcionam todo o suporte médico aos bebês que se encontram em situações de risco após o nascimento.

---

[2] *The Enterprise of the Future. IBM Global CEO Study*. Disponível em <ftp://public.dhe.ibm.com/common/ssi/pm/xb/n/gbe03035usen/GBE03035USEN.PDF>. Acesso em: 9 de agosto de 2012.

Um novo negócio é um empreendimento arriscado. No caso de negócios que envolvem produtos ou serviços inovadores desenvolvidos por pesquisadores, o risco é muito alto. E, para minimizar esses riscos, as incubadoras de negócio oferecem diversos tipos de suporte para o nascimento, desenvolvimento e consolidação de novas empresas – diz Reinaldo.

– Uma empresa incubada tem maior chance de sobrevivência, como um bebê na incubadora? – Giovanna questiona.

Completando a fala de Reinaldo, Irani afirma:

– É importante ressaltar que a taxa de mortalidade de novos negócios, antes de completarem cinco anos, é de 71%, segundo o SEBRAE-SP. Nas empresas que passaram pelo processo de incubação, esse índice é inferior a 10%, de acordo com pesquisa realizada pela Associação Nacional de Entidades Promotoras de Empreendimentos Inovadores (Anprotec).

Giovanna, ainda não satisfeita, pergunta:

– Quem cria as incubadoras?

– As incubadoras são organizações criadas por instituições públicas ou privadas de ensino, prefeituras ou por meio de iniciativas empresariais independentes. Segundo pesquisas, foi em 1938, nos Estados Unidos, que aconteceu a primeira experiência de incubação de empresas. A iniciativa surgiu no trabalho de dois estudantes da Universidade de Stanford, cujos sobrenomes se perpetuaram no mundo empresarial: Hewlett e Packard, fundadores da HP. No Brasil, os primeiros empreendimentos dessa natureza surgiram na década de 1980, com a criação do Parque Tecnológico de Campina Grande (Paraíba) e a UFSCAR, em São Carlos – esclarece Reinaldo.

Manifestando ainda curiosidade em relação às incubadoras, Giovanna faz mais uma pergunta:

– Afinal, o que faz uma incubadora?

– O papel fundamental de uma incubadora é amparar novos negócios ao contribuir com o suporte e o apoio aos empreendedores, promover o espaço físico e a infraestrutura e ainda fornecer as orientações necessárias por meio de consultorias especializadas e capacitação aos incubados. O tempo médio de incubação é de dois anos. Além das vantagens de contar com esse tipo de suporte, o empreendedor vai necessitar de menos capital para realizar o investimento inicial – responde Irani.

Mark demonstra sua satisfação ao dizer:

– Agora, sim, estou convicto de que poderei continuar em busca do sonho de ser um empreendedor. Como posso participar de uma incubadora?

– O primeiro passo é verificar se sua universidade possui uma. Caso não tenha, você poderá pesquisar no site da Anprotec o endereço de todas as incubadoras instaladas no Brasil, que são aproximadamente 370. Após a escolha daquela que mais atende as suas necessidades, o próximo passo é elaborar um plano de negócios e submetê-lo à avaliação dos gestores da incubadora selecionada.

– Depois da avaliação do plano de negócios, quais são os próximos passos? – indaga Mark.

– Caso tenham interesse em hospedar sua empresa, os responsáveis pela seleção de projetos irão convidá-lo para uma série de entrevistas com empresários e consultores, que vão avaliar o plano de negócio e aprová-lo ou não. Na hipótese de o plano ser aprovado, você receberá o sinal verde para iniciar o empreendimento – explica Irani.

– Gostaria de saber o que é um plano de negócio, professor – indaga Alê.

– Plano de negócio é um documento que explica aquilo que o empreendedor pretende fazer, como, quando e por quê. Deve incluir os objetivos do negócio, as estratégias, os problemas que podem ocorrer, a estrutura organizacional da empresa (incluindo pessoas-chave, títulos e responsabilidades) e o montante de capital que será necessário obter até que o negócio se torne autossustentável.

– Voltando à questão dos empreendedores, gostaria de saber quais são as características dos empreendedores de sucesso – declara Mark.

– Dornelas[3] aponta três características básicas do empreendedor: iniciativa para criar um novo negócio e paixão pelo que faz; conhecimento para utilizar os recursos disponíveis de forma criativa, transformando o ambiente social e econômico no qual se relaciona; e disponibilidade para assumir os riscos existentes, inclusive o de fracassar – diz Irani.

– Quero destacar um aspecto importante citado pelo professor, que é a importância da criatividade para quem pretende ser um empreendedor de sucesso – completa Reinaldo. – Criatividade é uma competência empreendedora necessária para criar e produzir algo inexistente ou aperfeiçoar o que já existe. Portanto, a criatividade é a base para o desenvolvimento de um novo negócio ou projeto, que surge da percepção do empreendedor em vista de

DORNELAS, José Carlos Assis. Empreendedorismo: transformando ideias em negócios. Rio de Janeiro: Campus, 2001.

uma oportunidade de mercado. Ser criativo é desenvolver uma solução, se possível inédita, para aproveitar uma oportunidade.

– O senhor está querendo dizer que quem não é criativo não deve empreender? – questiona Rose.

– Todos nós somos criativos em maior ou menor grau – afirma Reinaldo. – Além disso, a criatividade é uma habilidade que pode ser aprendida e desenvolvida. Se alguém, entre vocês que estão aqui, se julga pouco criativo, recomendo frequentar algum curso que aborde essa temática.

– Estou interessado em adquirir uma franquia. Posso afirmar que sou um empreendedor? – indaga Alê.

– Pergunta interessante, Alê – disse Irani. – Lembrando que um empreendedor é aquele que idealiza, desenvolve e implementa um negócio, asseguro que quem compra uma franquia não pode ser considerado um empreendedor. O franqueador, sim, é o empreendedor, pois investiu tempo, recursos e competência para criar um novo negócio.

– Posso, então, concluir, pensando em tudo o que já foi dito até agora nesse bate-papo, que existem diversos tipos de empreendedores? – pergunta Mark.

> Podemos enquadrar os empreendedores nos seguintes tipos: O **empreendedor de negócios** é aquele que cria uma nova empresa. O **corporativo**, que identifica, desenvolve e implementa oportunidades de negócios, dentro de uma empresa ou instituição existente. E o empreendedor social, que desenvolve empreendimentos que veem o ser humano como o principal foco e seu grande sonho é a mudança da realidade contemporânea – explica Reinaldo.

– É possível identificar esses tipos de empreendedores entre os participantes? – Mark questiona.

Reinaldo retoma a palavra e responde:

– Pela apresentação no início deste bate-papo, arrisco a classificá-los da seguinte forma: Bia, Alê, Giovanna e Rose se encaixam no perfil de empreendedores de negócio, enquanto Rafa e Mark se adéquam ao tipo de empreendedor corporativo ou intraempreendedor.

– Existem outros tipos de empreendedores? – questiona Rafa.

– Vou tomar a liberdade de incluir mais dois tipos de empreendedores, considerando a principal motivação para empreender: o empreendedor por necessidade e o empreendedor por oportunidade – diz Irani. – O primeiro tipo é aquele que deseja criar um negócio por não ter melhores opções de trabalho e obter uma remuneração previsível, em vista das barreiras para conquistar um emprego fixo. Por essa razão, segue a carreira de empreendedor como última alternativa para ter uma vida minimamente digna, que gere renda para si e para a família.

– E o empreendedor por oportunidade? – Rafa indaga, ansioso.

– Os empreendedores por oportunidade optam por iniciar um novo negócio porque sonham empreender para aumentar sua renda ou pelo desejo de seguir um caminho profissional próprio e independente. Estão de olho nas oportunidades para conquistar seus objetivos. No Brasil, segundo dados da pesquisa G.E.M., é crescente o número de empreendedores por oportunidade, em virtude da maior preparação das pessoas que desejam seguir esse caminho profissional – conclui Irani.

– Existem outros motivos para seguir a carreira de empreendedor? – indaga Rose.

– Pesquisas identificam algumas motivações comuns, tais como aprovação da sociedade, independência, segurança financeira e realização profissional. Os empreendedores têm, em média, maior necessidade de realização que a população em geral – exemplifica Reinaldo.

– Por que vale a pena ser um empreendedor? – pergunta Giovanna.

– Entre as diversas compensações de ser empreendedor, destaco a mais importante: a possibilidade de obter uma renda superior àquela obtida no trabalho remunerado.

Completando sua pergunta, Giovanna continua:

– Professor, como o empreendedor obtém uma renda acima da média de mercado?

– Não é fácil, Giovanna – diz Irani. – Essa renda é consequência do trabalho intenso, dos investimentos e do tempo gasto na construção e manutenção do empreendimento. Mas esse esforço compensa. Apenas uma pequena parcela das pessoas que seguem uma carreira padrão enriquece financeiramente com sua remuneração. A grande maioria dos ricos são empreendedores de sucesso.

Rafa, que trabalha em uma grande empresa, quer saber:

– E o profissional que tem vocação para empreender e mantém vínculo empregatício?

– As empresas tradicionais são, geralmente, muito burocratizadas, pouco flexíveis, devido ao excesso de supervisão, regras, procedimentos e normas. Quem tem espírito empreendedor não se sente confortável nesse ambiente e busca conquistar a independência, tornando-se seu próprio chefe – responde Reinaldo. – As empresas estão muito preocupadas com essa situação, pois a evasão de talentos tem sido constante. Um empreendimento próprio propicia ao empreendedor a liberação de trabalhos monótonos, repetitivos, rotineiros e pouco desafiadores. Fazer o que se gosta e sentir prazer em trabalhar gera grande contentamento e realização pessoal – finaliza.

Rose se manifesta, dizendo:

– Meu atual trabalho me causa um razoável desconforto. Posso, agora, compreender as causas e perceber, ainda mais, minha motivação para seguir a carreira empreendedora.

– Professor, acho que o senhor apresentou apenas uma face da moeda. Onde há vantagens também ocorrem desvantagens. No caso do empreendedor, quais são as desvantagens? – indaga Bia.

Tomando a palavra, Reinaldo responde:

– Julgo-me na obrigação de apresentar algumas desvantagens, que prefiro chamar de desafios a serem suplantados: a impossibilidade de contar com um ganho regular; a existência de altos riscos; o excesso de trabalho; as várias horas de dedicação; o estresse e a energia emocional intensa; os conflitos interpessoais, entre outros. Essas são situações que se apresentam no dia a dia do empreendedor.

– Como enfrentar esses desafios? – pergunta Bia.

– Em primeiro lugar, faça o que você gosta e não tenha medo de errar ou fracassar. Tenha fé no seu "taco", pense grande e diferente. Comece pequeno, cresça rápido e procure empreendimentos relacionados com suas competências, desejos e motivações.

– Peço licença ao amigo Reinaldo para concluir a resposta dele – diz Irani. É de fundamental importância que o empreendedor pondere se sua ideia é viável fazendo pesquisas para obter conhecimento sobre o futuro negócio. Conhecer experiências similares é uma boa maneira de aprender. Não menos importante, é fazer um bom plano de negócios.

> Poupe para ter alguma reserva financeira ou conte com algum suporte financeiro de parentes e amigos, de um sócio capitalista ou de um investidor-anjo. Conserve a mente aberta e mantenha o foco nos resultados, e não nos problemas. Seja disciplinado e persistente nas metas, objetivos e desejos. Cultive boa saúde física, mental e espiritual.

– Agora o Reinaldo "pegou pesado" – exclama Bia, demonstrando espanto.

Reinaldo, preocupado com sua reação, afirma:

– Bia, não se impressione com o que eu disse. Eu e outros milhões de empresários de sucesso já passamos diversas vezes por esses desafios e obtivemos êxito com a aplicação das práticas recomendadas e vivenciadas. Para conquistar tudo que desejam, vocês deverão estar preparados para enfrentar os desafios, ou dificilmente vão conseguir realizar seus sonhos.

– Reinaldo, você disse algo sobre investidor-anjo. Seria aquele que Deus nos envia nos momentos difíceis (riscos)? – pergunta Rose.

– Você quase acertou, Rose. Um investidor-anjo é um profissional ou empreendedor de sucesso (que pode ter vendido seu negócio por milhões de reais), que possui recursos financeiros para investir em novas empresas (*startups*) de alto potencial de resultados, aplicando o conhecimento e experiência acumulados e disponibilizando sua rica rede de relacionamentos.

– E como consigo esse tipo de investidor? – pergunta Rose.

– Seduzir e chamar a atenção de um investidor-anjo não é uma tarefa muito simples. Para tanto, seu empreendimento deve, em primeiro lugar, demonstrar alguma inovação, além de possuir um bom potencial de crescimento e de alta rentabilidade. O mais importante é que os empreendedores tenham as competências básicas necessárias para a execução do negócio, afirma Reinaldo.

– Essas iscas estão também presentes quando tratamos de empreendimentos corporativos – avisa Irani, pensando no caso de Rafa. – Você deve procurar o investidor-anjo dentro da empresa. Geralmente, trata-se do proprietário ou do presidente. Proponha projetos que atendam às condições mencionadas pelo Reinaldo.

Desta vez, foi a vez de Alê questionar:

– Posso, então, concluir que negócios tradicionais, como indústrias que produzem produtos comuns, tais como sapatos e roupas, além de lojas e prestadores de serviços, estão fora do alvo desses investidores?

– É isso mesmo, Alê! – responde Irani. – Mas o fato desses tipos de negócios citados não serem atrativos para receber investimentos dos anjos não significa que não possam ser bons negócios.

– Já ouvi muitas vezes o uso da palavra *startup*. O que significa essa expressão, Irani? – pergunta Rafa.

– Existem centenas de conceitos para definir uma *startup*. De forma simples e objetiva, trata-se de uma empresa no período inicial de desenvolvimento, em que os empreendedores ainda estão em busca do aperfeiçoamento e da consolidação de seu modelo de negócio.

– E o que é modelo de negócio? – continua ele.

– Um modelo de negócio é a resposta para a seguinte questão: "Como vamos ganhar dinheiro com esse empreendimento?". A resposta a essa questão implica a abordagem de uma série de outras questões, que ainda é muito cedo para serem discutidas e que serão tratadas mais adiante.

– Você poderia, de forma resumida, dizer quais são as questões básicas?

– Rafa, vou simplificar indicando apenas as mais importantes. Qual é o segmento de mercado-alvo? Qual é o principal diferencial do produto ou serviço em relação aos concorrentes? Qual é a estratégia de preços? Como serão distribuídos os produtos ou serviços? Qual é o modelo de obtenção de receita?

– Posso, então, concluir que uma *startup* é ainda uma obra inacabada?

– Muito boa essa relação, Rafa! Ela é exatamente isso, uma obra inacabada, um protótipo que ainda está no estágio de experimentação e aperfeiçoamento, que pode dar certo ou não.

– Como saber se devo prosseguir ou não com o empreendimento?

– O grande desafio é decidir continuar ou não essa experiência. Para tanto, avalie, diariamente, os resultados e o potencial futuro do empreendimento e, caso eles não sejam satisfatórios, caia fora rapidinho para não perder mais dinheiro. Ressalto que essa decisão é muito difícil de ser tomada, porque o empreendedor tende a querer perpetuar a realização de seu sonho a qualquer custo. Mas a mesma coragem empregada para abrir um negócio é necessária para fechá-lo.

– Já que estamos falando sobre insucesso nos negócios, gostaria de saber quais são as principais causas que levam a isso. Não gostaria de perder minha poupança tão duramente conquistada – diz Alê.

– Alê, diversas são as causas do insucesso empresarial, especialmente no caso das *startups*. Vou apresentar as mais comuns: falta de planejamento prévio apropriado, falhas na gestão empresarial como um todo e, particularmente, na gestão financeira e no atendimento deficiente ao cliente – explica Irani.

– Estamos quase terminando esta primeira reunião – diz Irani. – Vou passar uma lição de casa para todos, visando iniciar o exercício das habilidades empreendedoras. Uma das principais habilidades é a capacidade de observar as mudanças que estão ocorrendo no ambiente. A definição do negócio ou projeto que cada um vai desenvolver dependerá da identificação dessas transformações. Por isso, peço que cada um apresente na próxima reunião uma lista com as principais mudanças que estão ocorrendo em termos demográficos, sociais, econômicos, tecnológicos, governamentais etc. Cito como exemplo uma forte mudança econômica e social que está ocorrendo, que é a ascensão para a chamada classe média, ou classe C. Até a próxima reunião!

Como identificar
as oportunidades de negócio

Ao iniciar a segunda reunião, Irani dá as boas-vindas aos participantes. Explica que a reunião terá como objetivo o desenvolvimento do primeiro pilar da **Metodologia DSOP**: Diagnosticar. Dando andamento à reunião, ele diz:

– Lembro-me de, na primeira reunião, explicar que a atividade de diagnosticar é de fundamental importância para que o empreendedor possa fazer o "reconhecimento do terreno em que pretende pisar". O objetivo é sempre pisar em terra firme, evitando, assim, as muitas armadilhas dos terrenos movediços, que levam boa parte dos empreendimentos à falência.

Logo depois de cumprimentar os participantes, Reinaldo questiona-os sobre a lição de casa proposta na última reunião. Após a exposição de todos, pergunta:

– Vocês puderam compreender o objetivo dessa atividade?

– Lembro-me de que o professor Irani explicou que a definição do negócio ou projeto que cada um vai desenvolver dependerá da identificação dessas transformações – afirmou Giovanna.

– Correto, Giovanna! O que o professor não disse, propositadamente, é que essa atividade é fundamental para que sejam identificadas as oportunidades para desenvolver o tão almejado sonho de empreender que está na mente de cada um de vocês.

– Agora, o Reinaldo revelou o segredo subentendido nesta atividade – Irani completou, sorrindo.

– Professor, gostaria de perguntar: o que é uma oportunidade? – indagou Giovanna.

– Uma oportunidade pode ser entendida como uma ideia que vale a pena ser seguida e explorada, transformada em um empreendimento resultante da avaliação criativa e criteriosa das tendências.

Interessada no conceito apresentado, Giovanna pediu ao professor um exemplo.

– Vou dar um exemplo, considerando uma das mudanças apresentadas pela Bia, que identificou uma tendência em relação ao envelhecimento da população, que vem assumindo cada vez mais relevância, com o contínuo incremento da população com mais de 60 anos.

– Qual é a importância desse segmento da sociedade? – quis saber Bia.

– Esse grupo de pessoas representa hoje em torno de 10% da população, ou seja, aproximadamente 19 milhões de pessoas, segundo dados do IBGE. Esse fenômeno demográfico oferece extraordinárias possibilidades de desenvolvimento de ideias para serem transformadas em oportunidades de negócios.

– Irani, você poderia dar algum exemplo mais específico de ideia que se transformou em oportunidade considerando essa tendência? – continua Bia.

– Alguém teve a ideia de desenvolver algo para o idoso que vivia solitariamente em sua residência e que necessitava se comunicar com algum parente ou amigo no caso de algum acidente doméstico. Essa ideia se converteu em oportunidade, pois boa parte desse segmento composto por 19 milhões de pessoas estava nessa condição. O grande desafio era como transformar essa oportunidade em negócio.

– E como isso foi feito, professor? – indaga Bia.

– Em resposta a esse desafio, um grupo de empreendedores desenvolveu um dispositivo que, uma vez instalado dentro da casa do idoso, permitia a comunicação com uma central telefônica 24 horas por dia. Em caso de dificuldade, ele deveria acionar o dispositivo e falar com a central sobre seu problema. Para as situações de emergência, o idoso possui uma pulseira com um botão de pânico para acionar automaticamente a central. Esta, por sua vez, informa à família ou empresa de segurança para visitarem o idoso.

– Vocês perceberam que o professor apresentou um exemplo na seguinte sequencia: Ideia, Oportunidade e Negócio? – questiona Reinaldo.

– Então, uma boa ideia é sempre uma oportunidade de negócio? – quis saber Alê.

> Uma ideia nem sempre significa uma oportunidade de negócio. Muitos empreendedores, que não obtiveram êxito em seus empreendimentos, confundiram ideia com oportunidade. Uma ideia somente se transforma em oportunidade quando sua finalidade atende uma demanda específica de mercado, quando existe um número razoável de clientes potenciais, diz Reinaldo.

– A confusão entre ideia e oportunidade pode ser prejudicial? – quis saber Alê.

– Muitos negócios falham não por falta de trabalho, mas porque efetivamente não havia uma oportunidade inicial. Antes de ficar entusiasmado com uma ideia de negócio, é essencial avaliar se ela preenche as qualidades de oportunidade – responde Reinaldo.

– Toda oportunidade é um negócio? – pergunta Alê.

– Para que uma oportunidade se transforme em empreendimento de sucesso é necessário que o empreendedor defina como vai atender às necessidades do público-alvo ao qual está destinado o produto ou serviço.

Complementando a explicação, Irani afirma:

– Pelo que foi explanado pelo Reinaldo, podemos concluir que uma oportunidade só se transformará em um bom negócio se atender às seguintes características: se o produto ou serviço que for ancorar o negócio agregar valor ao cliente, for atraente e dotado de vantagem competitiva durável ou sustentável, além de estar no mercado no momento certo.

– O que significa "vantagem competitiva" e "estar no mercado no momento certo"? – quis saber Mark.

Em resposta à questão do Mark, o professor esclarece:

– Uma vantagem competitiva pode ser entendida como um benefício superior que o produto ou serviço tem em relação aos concorrentes. Para ser realmente efetiva, a vantagem precisa ser difícil de ser imitada ou demorar para ser copiada pela concorrência, ou seja, deve ser única e sustentável por um bom período de tempo.

– É a razão pela qual os clientes escolhem a oferta de produtos ou serviço de sua empresa, e não a dos concorrentes – complementa Reinaldo.

– Pode dar um exemplo, professor? – solicita Mark.

– Vou citar alguns exemplos: modelo de negócio diferente, qualidade superior do produto ou serviço, técnicas de produção ou de comercialização diferenciados e de baixo custo, patentes, direitos autorais e de propriedade industrial, atendimento distinto e superior do cliente e, principalmente, qualidade superior a dos colaboradores. Outra forma de criar uma vantagem competitiva é desenvolver um valor superior para um produto ou serviço, resultante da venda com benefícios semelhantes aos da concorrência por um preço inferior ou com benefícios superiores que compensem a cobrança de preço acima da média de mercado.

– É importante ressaltar que uma vantagem competitiva só será um diferencial para o negócio se for percebida e valorizada pelo cliente potencial. Aqui entra o importante papel da propaganda e a promoção do produto ou serviço para fazer com que o cliente potencial entenda quais são as vantagens que ele oferece sobre a concorrência – explica Reinaldo.

– O sucesso de um negócio também depende da capacidade do empreendedor de avaliar se seus clientes potenciais estão "maduros" para adquirir o produto ou serviço – diz Irani.

– Os produtos inovadores são mais difíceis de serem aceitos pelos clientes potenciais do negócio? – questiona Mark.

– Sabe-se que produtos e serviços inovadores demoram a ser percebidos e valorizados pelos clientes potenciais, exigindo muito esforço e investimento em *marketing*. Mesmo assim, muitos não são aceitos pelo grande público em decorrência da precocidade do lançamento ou de sua inutilidade.

– Professor, você poderia falar sobre a questão da "inutilidade" de um produto? – quis saber Giovanna.

– Conforme explica o professor Dolabela, em um livro que li e sempre menciono e recomendo a todos, *Oficina do empreendedor*[4], trata-se da crença de que a solução tecnológica de vanguarda é suficiente para o sucesso comercial do produto, esquecendo que o sucesso de um produto não é definido por seu valor intrínseco, mas pelo valor que vai agregar ao consumidor.

Não inteiramente satisfeita com a resposta do professor, Giovanna indaga:

– Como evitar esse erro?

> Segundo o grande guru do empreendedorismo, professor Filion, "antes de qualquer ação, o empreendedor deve se munir de uma estrutura de pensamento sistemática e visionária, graças à qual ele estabelece alvos e depois instala um fio condutor, um corredor que segue para atingi-los. Sem isso, corre o risco de perder o caminho"[5].

– Esse foco na visão futura do negócio levará o empreendedor a se concentrar no desenvolvimento do produto ou serviço que tenha valor agregado para seus clientes potenciais. Como vamos discutir adiante, o cliente não adquire um produto ou serviço. Ele espera ter, em cada compra, uma ótima experiência. Nesse caso, ele voltará a adquirir o produto. Um ciclo de experiência de compra positiva vai muito além do simples ato de adquirir um produto ou serviço, afirma Reinaldo – que passa a palavra ao colega.

[4] DOLABELA, F. *Oficina do empreendedor: A metodologia de ensino que ajuda a transformar conhecimento em riqueza*. 1. ed. São Paulo: Editora: Sextante, 2008.
[5] Citado no livro *Oficina do empreendedor*.

– O foco na visão é que permitirá ao empreendedor tornar-se mais vigilante e sensível a tudo que se refere à concretização de seu sonho. É preciso que ele se mantenha atento às mudanças, tendências e necessidades dos consumidores, pois dessa forma estará mais preparado para adquirir conhecimentos essenciais sobre o empreendimento – completa Irani.

– Retomando o assunto da identificação de oportunidade, o que um empreendedor deve fazer para melhorar essa capacidade? – pergunta Giovanna.

– Infelizmente, não existe nenhuma fórmula mágica. Com base em minha experiência como empresário, posso afirmar que um dos fatores-chave para identificar uma oportunidade é colher informações relevantes sobre as mudanças atuais e futuras no ambiente – acrescenta Reinaldo. – Quanto maior for o número de informações, melhores serão as chances de reconhecer uma oportunidade antes que alguém possa concretizar esse objetivo. Em resumo, o empreendedor deve realizar um amplo diagnóstico e pesquisar muito.

– Agora entendi a lição de casa passada pelo Irani – diz Bia.

– Não basta ter maior acesso à informação. É necessário que ela tenha qualidade. Para tanto, o empreendedor tem de aprender a separar a boa e útil informação da ruim e inútil – diz Irani.

– O segundo fator-chave de sucesso na busca de uma oportunidade é usá-la com eficácia. Aqui, novamente, a criatividade tem importância fundamental. O empreendedor tem de aplicar a criatividade na combinação de informações de maneira inédita, visando criar algo original ou diferente, inovador – completa.

– Quais são os cuidados que o empreendedor deve ter no processo de escolha de uma oportunidade? – pergunta Rose.

– Além de cuidar para que as informações sejam relevantes, é preciso que a oportunidade, fruto da combinação criativa dessas informações, seja de fato viável, e não uma ilusão. Para tanto, o empreendedor tem de realizar uma avaliação – responde Irani.

– Como pode ser feita essa avaliação? – indaga Rafa.

– Essa é uma questão muito complexa, Rafa. De forma prática, o empreendedor deve se concentrar em alguns aspectos essenciais: dimensão e demanda do mercado, potencial de lucratividade e rentabilidade, disponibilidade e acesso aos recursos, conhecimentos, bem como o grau de motivação do empreendedor – explica Reinaldo.

– O que deve ser considerado no aspecto dimensão do mercado? – quis saber Giovanna.

– O tamanho do mercado está associado ao número de pessoas que potencialmente estarão interessadas em adquirir a solução desenvolvida para a ideia ou oportunidade identificada, na forma de algum produto ou serviço. Muitos pequenos negócios fecham as portas devido ao fato de não terem clientes suficientes para dar sustentabilidade a suas atividades, diz Reinaldo.

– Qual é o significado de demanda de mercado? – pergunta Alê.

Tomando a palavra, Irani responde:

– O empreendedor tem de avaliar se os clientes potenciais desejam realmente a solução proposta pelo empreendedor. Significa conhecer qual é a necessidade que o produto ou serviço atende e se essa solução é realmente melhor que as proporcionadas pelos concorrentes.

– O potencial de lucratividade e rentabilidade tem a ver com os aspectos financeiros do negócio? – indaga Mark.

– Sim, Mark. Esse é o momento em que o empreendedor deve se preocupar em saber se o número de clientes potenciais é suficiente para gerar os resultados financeiros desejados pelo empreendedor.

– Reinaldo, qual é a diferença entre lucratividade e rentabilidade? – pergunta Bia.

– Essas duas palavras têm importância capital no mundo das finanças empresariais. Lucratividade tem a ver com o lucro proveniente das atividades, que é calculado subtraindo-se o faturamento de todas as despesas. Já a rentabilidade, de maneira simples, é o retorno do dinheiro investido pelo empreendedor. O cálculo desses dois importantes indicadores financeiros é relativamente complexo.

– O que a disponibilidade e acesso aos recursos e conhecimentos têm a ver com a avaliação de uma oportunidade? – questiona Giovanna.

– Para que uma oportunidade se transforme em negócio, é necessário que o empreendedor tenha recursos materiais, financeiros, humanos e técnicos, além de conhecimentos suficientes para deslanchar e manter as atividades do empreendimento – responde Irani.

– Percebo que o tamanho do negócio está relacionado com o tamanho desses recursos. Certo, Reinaldo? – pergunta Giovanna.

– O tamanho inicial do negócio vai depender da disponibilidade de recursos obtida pelo empreendedor. Por esse motivo é recomendável começar um pequeno negócio que exigirá quantidades mínimas desses recursos.

– Os conhecimentos também podem ser mínimos? – questiona ela.

– O empreendedor deve ter um conhecimento mínimo do futuro negócio em relação ao mercado, perfil dos clientes potenciais, concorrentes, preços praticados etc. Quanto maior for o conhecimento dessas variáveis, maior também será a possibilidade de sucesso – responde Irani.

– Reinaldo, você que é um empresário de sucesso, poderia me responder: Qual é o papel da motivação do empreendedor na avaliação de uma oportunidade? – pergunta Mark.

– A melhor oportunidade de negócio pode não significar a melhor escolha para seu perfil empreendedor se suas motivações e competências não estiverem integradas.

> Muitas e boas oportunidades não foram adiante em função do empreendedor. Trabalhar com intensidade, mas sem paixão, não fará com que o empreendimento tenha sucesso. Devido a isso, é importante que o empreendedor escolha uma oportunidade que tenha atividades de seu interesse, que goste de realizar – complementa Irani.

– Quais são as características das oportunidades com maiores possibilidades de fracasso, professor? – pergunta Alê.

– Vou apresentar alguns fatores que podem contribuir para o insucesso de oportunidades: negócios oriundos de oportunidades com baixo potencial de lucro e crescimento limitado; com baixo nível de investimentos iniciais; conhecimento de risco pequeno, desprezível ou nenhum potencial de venda.

– Professor, dê alguns exemplos, por favor, – continua Alê.

– A maioria dos negócios de micro e pequeno porte enquadra-se nessas características, tais como salões de beleza, pequenas oficinas mecânicas, confecções de bijuterias, massas, pães, doces e outros processados etc. Podemos também incluir nessa relação aqueles ligados à internet, lembrando os inúmeros casos de fracasso da época da chamada "bolha da internet".

– Como explicar, então, a sobrevivência da maioria desses negócios tradicionais no Brasil? – pergunta Rafa.

– Embora sobrevivam, esses negócios dificilmente oferecem perspectivas de crescimento e de rentabilidade que compensem o esforço do empreendedor em mantê-los. Mesmo assim, muitos empreendedores continuam persistindo em manter seus negócios por diversas razões, sendo a principal delas, a falta de opções para garantir uma renda equivalente àquela proporcionada pelo empreendimento.

– Onde posso buscar inspiração para encontrar oportunidades, professor? – quis saber Rose.

– As ideias e oportunidades dependem do grau de curiosidade, atenção e observação do empreendedor e podem nascer de diversas fontes e em situações típicas, tais como deficiências da empresa a qual está vinculado, convivência com familiares e com seu ciclo de amizades, feiras, encontros sociais, exposições, pesquisas na internet etc. Uma oportunidade muito atraente pode se originar da observação de alguma necessidade, ineficiência ou problema no mercado, caso o empreendedor seja criativo e capaz de idealizar uma solução para atendê-la. É bom lembrar que ninguém vai adquirir algo que não resolva um problema ou atenda a uma ou mais necessidade.

– Pela sua exposição, professor, posso concluir que todas essas fontes estão relacionadas com as necessidades das pessoas? Mas, afinal, o que é uma necessidade? – quis saber Bia.

– Vamos começar explicando o que não é uma necessidade: ela não é uma solução característica do produto ou ideia. Também não é uma descrição de como fazer produtos mais fáceis de comprar, usar ou instalar. Compram-se produtos e serviços que auxiliam na realização de alguma tarefa, como lavar roupas, que é uma atividade comum a todas as pessoas. A maioria dos clientes não sabe o que quer como solução, mas a solução de como realizar uma tarefa ainda não é uma necessidade.

– Entendi o que não é uma necessidade, mas seria importante uma explicação sobre o que é uma necessidade – completa Bia.

– Considere as necessidades por meio da seguinte questão: como é que o cliente mede os resultados que espera na execução de determinada tarefa, como "limpar roupas sujas"? Que resultados o cliente espera quando adquire um produto ou serviço para facilitar essa atividade? Os resultados são as necessidades dos clientes.

– O senhor poderia dar mais um exemplo?

– Vamos lá. Buscar, armazenar e reproduzir músicas e vídeos se tornou mais simples e rápido com o desenvolvimento de um aplicativo chamado *Itunes*. Devido a esse sucesso e de muitos outros produtos, a "Apple" vale hoje 50 bilhões de dólares.

– A "FedEx" projetou seu serviço para executar a tarefa dos clientes definindo suas necessidades como: "Eu preciso enviar algo daqui para o destino final em perfeito estado e o mais rápido possível". Devido ao sucesso alcançado no desenvolvimento de serviços que atendem às necessidades dos clientes, hoje a "FedEx" é a maior empresa aérea de transporte de cargas, com 650 operações aéreas em mais de 220 países e territórios e 46 centros de teleatendimento, recebendo 500.000 chamadas diariamente. A "FedEx" emprega mais de 150.000 pessoas, incluindo 43.500 couriers (empresas que entregam mensagens, pacotes, cargas etc.), e distribuem mais de 3,3 milhões de pacotes a cada dia.

– O objetivo do empreendedor é criar uma solução para a tarefa a ser realizada pelo cliente. Essa solução, além de ser única e brilhante, deve satisfazer suas necessidades de forma mais rápida, mais conveniente e mais eficaz do que aquela ofertada pela concorrência – complementa o professor.

– O senhor quer dizer que é importante fazer uma pesquisa para saber quais são as necessidades do cliente? – indagou Bia.

– Com certeza, Bia. Desde uma simples consulta a um pequeno grupo de clientes potenciais até pesquisas mais sofisticadas e caras. A primeira modalidade é a que deve, no mínimo, ser praticada por quem está iniciando um novo negócio.

Reinaldo complementa a explicação do professor Irani.

– Temos de ter muito cuidado ao perguntar aos clientes o que eles querem. Provavelmente, eles vão responder tomando como referência os produtos ou serviços atualmente ofertados no mercado. Se Henry Ford tivesse perguntado aos clientes o que eles desejavam, possivelmente teriam respondido "desejamos um cavalo mais rápido".

– Certamente, não teriam dito que desejavam "um veículo barato de transporte de pessoas motorizado de quatro rodas". A necessidade básica a ser atendida naquele tempo estava relacionada com essa tarefa, que era atendida por cavalos ou carroças movidas por equinos e por produtores artesanais de automóveis, o que impedia o acesso a esse produto por milhões de pessoas, devido ao preço elevado – diz Irani.

– Qual é a solução para atender a essa necessidade, professor? – questionou Bia.

– Com base no conhecimento da tarefa a ser desenvolvida, Ford criou seu modelo de automóvel – Ford T –, que atendia de maneira revolucionária essa tarefa, por um preço muito menor que o praticado pelos concorrentes. O empreendedor, em sua pesquisa, deve observar a tarefa a ser realizada e identificar as reais necessidades dos clientes potenciais.

– Como podemos encontrar espaço no mercado para as iniciativas empreendedoras, sem ter de enfrentar diretamente os atuais concorrentes potenciais, muitas vezes grandes e poderosos, Reinaldo? – quis saber Rafa.

– Excelente questão, Rafa. Quem está iniciando um empreendimento deve evitar o embate direto com médias e grandes corporações, que detêm grande poder e recursos para anular qualquer iniciativa que possa, no futuro, lhe proporcionar algum grau de concorrência.

– Então, como evitar esse conflito?

Procure os espaços vazios e inexplorados no mercado, aqueles que a concorrência ainda não ocupou totalmente com seus produtos ou serviços atuais, ou ainda está atendendo os clientes de forma insatisfatória. Outra maneira de suplantar essa barreira é inovar por meio da criação de novos produtos ou serviços.

– Vou citar como exemplo a experiência da Nestlé, que passou a atender os consumidores brasileiros das chamadas classes C, D e E, as quais, juntas, representam nada menos do que 82% do consumo nacional. Esse segmento não era atendido pela empresa e seus concorrentes, caracterizando um espaço vazio de mercado – complementa Irani.

– Como a Nestlé ocupou esse espaço, professor? – questiona Rose, que se mostrou muito interessada na questão por pertencer à classe C e ter interesse em desenvolver um empreendimento voltado para esse mercado.

– Até 2006, a Nestlé tinha como foco de seus negócios as classes A e B. Vendia seus produtos em estabelecimentos fora do alcance das classes C, D e E, em supermercados localizados em centros urbanos de difícil acesso a esse último segmento, tanto em termos de preços como de distância.

– A população das classes C, D e E geralmente mora na periferia dos centros urbanos. Como a Nestlé suplantou essa dificuldade?

– Em 2006, inspirada na experiência da Avon, a Nestlé adotou em São Paulo o sistema de venda porta a porta de seus produtos, conhecido como "Nestlé até Você". A empresa escolheu mulheres com perfil empreendedor, que pertencem a comunidades localizadas nos bairros periféricos, e forneceu treinamento para transformá-las em distribuidoras de seus produtos mediante o uso de carrinhos térmicos. Essa logística visa preservar a qualidade dos produtos refrigerados e poupar o consumidor do esforço de carregá-los até a residência.

– A Nestlé se beneficiou com a adoção desse modelo?

– Sem dúvida. Ele gerou ótimos resultados para a multinacional. Dois anos após seu lançamento, o segmento, representado pelas classes C, D e E da empresa, cresceu 15%, resultando em um aumento de 1 bilhão de reais de receita, o que corresponde a 7% do faturamento da companhia. Tendo em vista esses resultados, a empresa desenvolveu o modelo em diversas regiões com maior ocorrência desse segmento, como o Nordeste, e exportou essa experiência para outros países, como Venezuela, Colômbia e Equador.

– A Nestlé precisou fazer alguma adaptação nos produtos ou na distribuição para atender os novos consumidores por esse sistema, professor? – indagou Giovanna.

– Sim. A empresa desenvolveu novos produtos direcionados para atender o público-alvo desse modelo, visando aproximá-los dessa modalidade de atendimento, como por exemplo, o Leite Ideal. A Nestlé também modificou alguns produtos clássicos oferecendo embalagens menores e com preços mais acessíveis, como os sachês de Nescau e leite Ninho. A empresa também passou a oferecer esses produtos em estabelecimentos comerciais populares e locais frequentados pelo segmento de baixa renda, como estações de metrô, rodoviárias e pontos de ônibus. Percebe-se, pelo que foi dito até aqui, a importância de ocupar espaços vazios de mercado. Porém, na maioria das vezes, essa não é uma tarefa fácil para o empreendedor. Ele vai ter de enfrentar empresas solidamente estabelecidas, seus futuros concorrentes, sem, contudo, entrar em conflito com elas.

– Qual é a dica que o senhor pode dar para conseguirmos evitar os conflitos com os potenciais concorrentes? – quis saber Mark.

– Quem dá essa dica não sou eu, mas os professores da Insead, uma das melhores escolas de negócios do mundo, localizada na França. Dr. W. Chan Kim e sua parceira Renee Mauborgne escreveram um livro intitulado *A estratégia do oceano azul*[6]. Recomendo a leitura do livro para aprofundamento de sua metodologia.

– Segundo esses autores, o modelo das quatro ações por eles desenvolvido contribui para ajudar os empreendedores a criar uma nova proposta de valor para produtos e serviços já oferecidos pela concorrência – explicou Irani.

– Em que consiste esse modelo, professor? – perguntou Alê.

---

[6] KIM, W. Chan; MAUBORGNE, Renee. *A estratégia do oceano azul*. Rio de Janeiro: Campus, 2005.

– Primeiro, vou explicar e exemplificar o conceito de atributo. Um atributo é o que os compradores recebem, como clientes, de qualquer das ofertas de produtos e serviços iguais ou semelhantes aos que existem no mercado. Na compra de um vinho, por exemplo, aquele que adquire, avalia as ofertas considerando os seguintes atributos: preço por garrafa de vinho; imagem de nobreza e refinamento na embalagem; qualidade de envelhecimento do vinho; prestígio e legado do vinhedo; complexidade e sofisticação do sabor do vinho etc. O primeiro passo para a aplicação do modelo é identificar os atributos dos produtos ou serviços que o empreendedor deseja ofertar em seu negócio. O segundo passo é realizar as quatro ações propostas pelos professores, tomando como referência as ofertas atuais de produtos ou serviços iguais ou semelhantes ao que o empreendedor deseja lançar no mercado:

REDUZIR – Qual atributo deve reduzir, caso lance um produto ou serviço igual ou semelhante aos existentes?

ELIMINAR – Quais atributos oferecidos pela concorrência deverão ser eliminados?

ELEVAR – Quais atributos devem ser elevados acima dos ofertados atualmente?

CRIAR – Qual atributo deve criar (inovar), com base na tarefa a ser realizada?

– Qual é o objetivo que essa pergunta pretende atingir? – indaga Alê.

– Segundo os autores já referenciados, a primeira pergunta visa examinar se existe excesso nos atributos dos produtos e serviços oferecidos. A segunda pergunta força o empreendedor a considerar a eliminação de atributos de valor que há muito tempo servem de base para a concorrência no setor. A terceira pergunta leva o empreendedor a identificar e corrigir as limitações que o setor impõe aos clientes. A quarta pergunta ajuda a descobrir fontes inteiramente novas de valor, ou seja, inovações para os compradores, buscando criar novas demandas e mudar a estratégia de preços do setor. Vou dar um exemplo que se encontra no livro dos professores Kim e Mauborgne: o Cirque du Soleil, que foi criado em 1984 por Gui Laliberte, ex-acordeonista, ex-equilibrista em pernas de pau e ex-engolidor de fogo juntamente com um grupo de artistas de rua. Suas produções já foram vistas por mais de 100 milhões de pessoas em todo o mundo.

– Qual era a situação desse mercado em 1984, professor? – quis saber Bia.

– Esse desempenho extraordinário aconteceu em um mercado em decadência, composto por fornecedores e clientes de elevado poder de negociação, representados, respectivamente, pelas grandes estrelas circenses e por grupos formados por clientes corporativos. O mercado de espetáculos circenses sofria com a forte concorrência de formas alternativas de entretenimento, como espetáculos urbanos, eventos esportivos e diversões domésticas. Além dessa situação, eram fortes as pressões de grupos de defesa dos direitos dos animais contra o uso deles em espetáculos públicos.

– Além de lidar com esses aspectos negativos apontados, como o empreendedor enfrentou os concorrentes? – questionou Alê.

– Os autores do livro informam que o Cirque du Soleil não bateu de frente ou concorreu com as grandes empresas do ramo para alcançar o incrível resultado. Ele ocupou um mercado inexplorado pela concorrência – completou Reinaldo.

– Como o Cirque conseguiu obter esse grande sucesso em um ambiente tão negativo? – pergunta Alê.

– Os professores Kim e Mauborgne utilizaram o modelo de quatro ações que criaram para explicar o "milagre". – Atributos eliminados: astros circenses, espetáculos com animais, descontos na aquisição de ingresso para clientes corporativos e espetáculos em vários picadeiros; atributos reduzidos: diversão, humor, vibração e perigo; atributos elevados: picadeiro único; atributos criados: espetáculos temáticos, ambiente refinado, várias produções, músicas e danças artísticas.

– Que outras ferramentas apresentadas no livro *A estratégia do oceano azul* podem ajudar os empreendedores a desenvolverem seus negócios? – indaga Giovanna.

– São muitas, Giovanna. Quero ressaltar uma que complementa a análise da tarefa, abordada anteriormente: os autores apresentam uma ferramenta interessante denominada "Ciclo da experiência de compra". Ela serve para a identificação das tarefas a serem realizadas pelos clientes na aquisição de um produto ou serviço, definidas na seguinte ordem lógica: compra, entrega, uso, suplementos, manutenção e descarte. Tomo a liberdade de completar esse ciclo incluindo mais dois estágios: pesquisa e avaliação.

– Como esse ciclo pode ser utilizado na definição dos produtos ou serviços que alguém pretende ofertar com a implantação de um negócio? – quis saber Mark.

> As pessoas não adquirem simplesmente um produto ou serviço, mas toda uma experiência de compra, que poderá ser positiva ou negativa. Se for positiva, o cliente criará o hábito de adquirir frequentemente o produto ou serviço.

Caso a experiência de compra seja negativa, certamente não ocorrerão novas aquisições – responde Reinaldo.

– Reinaldo, o que podemos concluir com sua exposição? – indaga Rose.

– Do exposto, podemos concluir que o empreendedor que aspira ao sucesso em seu negócio deverá desenvolver produtos e serviços que proporcionem a melhor experiência de compra para os potenciais clientes, acima da ofertada pelos concorrentes em todas as etapas do ciclo e de forma permanente.

– O que devemos fazer para concretizar sua proposta? – pergunta Bia.

– Em primeiro lugar, é importante apurar informações sobre a experiência oferecida aos clientes pelos potenciais concorrentes em cada estágio do ciclo e saber qual é o grau de satisfação do cliente. Vamos admitir que, no primeiro estágio do ciclo – pesquisa –, o cliente tenha grande dificuldade de saber onde comprar, qual é o preço ou de obter qualquer outra informação importante sobre o produto ou serviço para decidir sobre a aquisição.

Ansiosa, Bia pergunta:

– O que fazer com essas informações?

– O empreendedor, de posse dessas informações, vai procurar elevar o grau de satisfação do cliente potencial ofertando maiores facilidades para auxiliar em sua decisão. A necessidade ou os resultados esperados pelo cliente nessa etapa podem ser descritos na seguinte tarefa: obter informações rapidamente para tomar a decisão de compra.

Bia pede um exemplo ao professor.

– Como exemplo, para auxiliar o cliente nessa tarefa, o empreendedor pode criar um *site* na internet que ofereça todas as informações relevantes que vão ajudar o comprador no processo de tomada de decisão.

– Como posso identificar as tarefas dos demais estágios do ciclo, pergunta Alê.

– Fazendo algumas perguntas sugeridas por Kim e Mauborgne. Para o estágio "pesquisa", pergunte: Quanto tempo o comprador demora para encontrar o produto ou serviço desejado? Como saber o preço e as demais condições de venda? No estágio "compra": O local da compra é atraente e acessível? Qual é o grau de segurança do estabelecimento? Com que rapidez se completa a compra? Para o estágio "entrega": Qual é o tempo que o comprador demora para receber o produto? Qual é o grau de dificuldade para desembalar e instalar o novo produto? Os próprios compradores devem providenciar a entrega? Em caso positivo, qual é o custo e a dificuldade da entrega?

– Lembre-se de que essas questões servem apenas de exemplos. Cabe ao empreendedor desenvolver questões específicas para cada situação – destaca Irani.

– No estágio "uso": O produto exige treinamento ou assistência de especialista? É fácil guardá-lo quando não estiver em uso? Qual é o grau de eficácia dos itens e funções do produto? Será que está cheio de itens desnecessários? Para o estágio "suplementos": O produto precisa de outros itens ou serviços para funcionar? Qual é o custo desses suplementos? Qual é o grau de facilidade para obtê-los? – continua Reinaldo.

A curiosidade de Alê leva-o a formular a seguinte solicitação:

– Reinaldo, estou ansioso por saber as perguntas relativas aos outros estágios, vamos em frente?

– Claro, Alê. Vamos completar o ciclo: no estágio "manutenção", podemos citar como exemplo as seguintes questões: O produto exige manutenção externa? Se sim, qual é o custo? Para o estágio "descarte", podem-se aplicar as seguintes perguntas: O uso do produto gera resíduos? Qual é o grau de facilidade para descartar o produto? Qual é o custo do descarte?

– Irani, você adicionou mais um estágio ao ciclo, a "avaliação". Gostaria de ter exemplos de perguntas relativas a esse estágio – diz Rafa.

– Como o comprador avalia os resultados dos estágios anteriores? Ele está satisfeito com os resultados? A tarefa esperada pela aquisição do produto ou serviço foi completada? Quais são as principais falhas? As respostas a essas questões podem oferecer uma base extraordinária de soluções para o empreendedor desenvolver seu negócio – diz Irani.

– Professor Irani, seria possível apresentar um resumo dos assuntos abordados nesta reunião? – pergunta Mark.

– Acredito que podemos responder a sua difícil questão, Mark, lembrando que os clientes potenciais estão interessados em oportunidades que ofereçam soluções para seus problemas, em vez de produtos ou serviços. Eles querem informações sobre as soluções identificadas, em vez de promoções. Eles veem as soluções em termos de valor, e não de preço. Por último, eles querem acesso conveniente para as soluções identificadas.

– No próximo encontro, vamos continuar a desenvolver outros pontos relevantes do pilar Diagnosticar – continuou o professor. Solicitaremos uma atividade para ser apresentada no próximo encontro. Ao final da reunião anterior, pedimos que vocês preparassem uma lista com as principais mudanças que estão ocorrendo em termos demográficos, sociais, econômicos, tecnológicos, governamentais, entre outras. No decorrer desta reunião, todos perceberam a utilidade dessa tarefa. Agora, vamos utilizar essas informações para identificar e avaliar as possíveis oportunidades relacionadas com o sonho de empreender de cada um. Essa atividade é um passo fundamental para o entendimento dos temas que vamos abordar nos próximos encontros. Obrigado pela atenção e interesse demonstrados por todos!

– Boa sorte a todos na realização dessa importante lição de casa passada pelo professor. Até o próximo encontro! – finalizou Reinaldo.

Como avaliar
a viabilidade do negócio

Depois de dar boas-vindas aos participantes, Irani diz:

– Esta terceira reunião tem por objetivo continuar a desenvolver o primeiro pilar da **Metodologia DSOP** – Diagnosticar. Na última reunião, expliquei que a atividade de diagnosticar é de fundamental importância para que o empreendedor faça o "reconhecimento do terreno em que pretende pisar".

Saudando os participantes, Reinaldo diz:

– Antes de prosseguir com o nosso papo empreendedor sobre o tema diagnosticar, gostaria de saber se todos identificaram e avaliaram as possíveis oportunidades relacionadas com o sonho de empreender de cada um.

Os presentes responderam que, após a segunda reunião, a identificação de oportunidades ficou menos difícil e apresentaram os resultados.

– Será que vocês foram capazes de entender o objetivo dessa atividade?

Respondendo, Rose afirma:

– Lembro que o professor explicou que a definição do negócio ou projeto que cada um vai desenvolver depende da identificação dessas oportunidades.

– Perfeito, Rose! Essa atividade é um passo fundamental para o desenvolvimento do tão almejado sonho de empreender. Mas ainda temos de aprofundar a conversa para melhor diagnosticar a viabilidade das oportunidades identificadas.

Continuando sua introdução, Reinaldo explica a proposta:

– Até agora nosso foco foi diagnosticar o potencial das oportunidades sob a perspectiva dos clientes potenciais que, como afirmou o Irani, querem soluções, informações, valor e acesso a informações para fundamentar as decisões de compra. Mas existem outras perspectivas que o empreendedor deve considerar em sua análise.

– Quais seriam essas outras perspectivas? – pergunta Giovanna.

– Agora é o momento de vocês diagnosticarem a viabilidade de cada oportunidade, considerando outras forças de mercado que podem influenciar na sua transformação em um negócio ou projeto de sucesso ou, quando desconsideradas, aumentar fortemente o risco de fracasso.

– Essa análise foi proposta pelo professor Michael Porter, no artigo "Como as forças competitivas moldam a estratégia"[7]. Depois da publicação do artigo, os empreendedores passaram a perceber que a análise da oportunidade deve contemplar um conjunto de forças competitivas – Irani complementa.

[7] PORTER, M. Como as forças competitivas moldam a estratégia. In: MONTEGOMERY, Cynthia A., PORTER, Michael (ed.). A busca da vantagem competitiva. Rio de Janeiro: Campus, 1998.

– O diagnóstico das cinco forças propostas por Porter serve para avaliar as condições de mercado em que o empreendimento vai se desenvolver, denominadas forças competitivas.

– Estou muito interessado em conhecer essas cinco forças – afirma Mark.

– Porter identificou uma força principal, rivalidade entre os concorrentes e outras quatro que influenciam essa força de modos diversos: ameaça de produtos e serviços substitutos, poder dos fornecedores, poder dos clientes e ameaça de entrada de novas empresas. A rivalidade entre os concorrentes será maior ou menor dependendo do comportamento das demais forças.

– O que esse modelo tem a ver com o diagnóstico da viabilidade de cada oportunidade por nós identificada, professor? – indaga Rose.

– Rose, você deve considerar que, caso siga adiante com seu projeto empreendedor, ele se transformará, provavelmente, em mais um concorrente de outras empresas, de todos os portes. É necessário saber como seus futuros concorrentes se comportam atualmente no mercado para que você possa criar uma forma adequada de competir, minimizando os riscos de sua entrada em determinado negócio.

– Você está dizendo que devemos ter cuidado ao desenvolver nosso negócio quando a rivalidade é alta entre os potenciais concorrentes? – completa Rose.

> É preciso tomar muito cuidado. Alta rivalidade entre concorrentes significa disputa acirrada por aumento de participação de mercado, alargando o número de clientes, "roubando-os" dos concorrentes por meio de guerra de preços, intenso investimento em propaganda, lançamento de novos produtos ou melhorias substanciais nos produtos atuais, ampliação de serviços ao cliente, desenvolvimento de logística inovadora etc.

– Agora entendi que devo começar meu negócio sem mexer no "vespeiro", procurando um "cantinho" e sem fazer muita "marola" – brinca Rose.

– Ótima conclusão, Rose! Sua metáfora é perfeita! Não podemos ter medo de competir, mas devemos concorrer da forma certa, como na proposta que você formulou – finaliza o professor.

– Reinaldo, com sua experiência de empreendedor de sucesso, diga para nós o que pode contribuir para a intensificação da rivalidade entre nossos futuros concorrentes – pede Bia.

– A intensificação da rivalidade competitiva ocorre por causa de diversos fatores, dentre os quais cito os seguintes: o número de concorrentes, a taxa de crescimento do mercado, o grau de diferenciação entre os produtos ofertados, os custos de troca etc.

– Você poderia detalhar um pouco mais?

– Quanto ao primeiro fator, isto é, o número de concorrentes, quando ele for alto, a rivalidade vai se acentuar porque muitas empresas de pequeno porte "brigam" para conquistar os clientes de seus concorrentes e para adquirir os insumos necessários para operacionalizar suas atividades (matéria-prima, material, mercadorias, máquinas e equipamentos, recursos humanos e financeiros etc.).

– Como é essa rivalidade quando o mercado é altamente concentrado ou dominado por poucas empresas? – indaga Alê.

– Nessa situação, quando os concorrentes são semelhantes no porte e na disponibilidade de recursos, eles vão competir entre si, em condições de igualdade, para conquistar os clientes de seus concorrentes e adquirir os mesmos insumos dos fornecedores, o que gera muita rivalidade no mercado. Em relação ao segundo fator, a taxa de crescimento do mercado, quando é decrescente (mercado de produtos de moda) ou baixa, típica de mercados maduros e tradicionais (roupas, sapatos, alimentação etc.), induz as empresas a concorrerem fortemente entre si por maior participação de mercado, através da busca por clientes dos concorrentes, o que deflagra uma "guerra" de redução sistemática de preços, pondo em risco a lucratividade do negócio e, consequentemente, provocando sua quebra no médio e no longo prazos.

– E, no caso de um mercado em crescimento, como fica a concorrência? – questiona Alê.

– Nesse tipo de mercado, as empresas podem aumentar sua participação e promover o crescimento de seus negócios com taxas iguais ou superiores às verificadas no segmento em que atuam. Esse caso é típico dos mercados emergentes constituído por produtos inovadores.

– Como podemos identificar essa rivalidade, Reinaldo? – quis saber Alê.

– A rivalidade se caracteriza, inicialmente, pela busca de novos clientes, e não pela conquista de clientes dos concorrentes. Em um segundo momento, quando o mercado se torna maduro e estável, a rivalidade se comporta como foi explicado anteriormente.

– O que significa "diferenciação de produto" e qual é seu impacto no grau de rivalidade entre as empresas? – quis saber Rafa.

– A "diferenciação de produto" está relacionada com o grau de semelhança dos atributos dos produtos ofertados pelos concorrentes. Quando são muito semelhantes, o nível de diferenciação é mais baixo, o que gera graus mais elevados de rivalidade entre as empresas.

– E o que fazer nessa situação? – perguntou Rafa.

– A empresa que deseja ser competitiva deve proporcionar vantagens adicionais nos atributos ou criá-las, porque esse fator é determinante na escolha dos clientes em seu ciclo de compras.

– E se a empresa não for capaz de proporcionar essas vantagens adicionais?

– Caso uma ou mais empresas não tenham um grau de diferenciação significativo em seus produtos ou uma marca consolidada no mercado, a opção de compra do consumidor será fundamentada na escolha daquela de menor preço, e isso vai provocar uma redução na lucratividade do negócio.

Concluindo sua exposição sobre os fatores que afetam a rivalidade entre os concorrentes, Reinaldo explica o último fator por ele citado: custos de troca entre produtos da concorrência.

– Verifica-se um aumento da rivalidade entre os concorrentes em dado mercado, por meio da guerra de preços, quando o cliente pode, a um baixo custo, trocar um produto de uma empresa por outro da concorrência.

Irani dá continuidade à discussão da segunda força do modelo de Porter – "poder dos fornecedores".

– Reafirmando o que foi dito anteriormente, é possível concluir que a força central do modelo de Porter – a rivalidade entre as empresas – pode influenciar fortemente na lucratividade dos negócios, devido ao fato de que a concorrência, para aumentar o número de clientes, fundamenta-se basicamente na guerra de preços. Esse fenômeno é também influenciado pelas outras quatro forças.

– Irani, como o poder dos fornecedores pode afetar a lucratividade de determinado setor? – indaga Giovanna.

– Primeiro, vamos entender o significado do "poder dos fornecedores". Estamos falando da capacidade dos fornecedores de insumos (matérias-primas, mercadorias, máquinas, equipamentos, recursos humanos e financeiros etc.) em impor condições de preço, cotas, qualidade, prazos de entrega e pagamento a seus clientes.

– O que esse poder tem a ver com a lucratividade futura do nosso negócio?

– Imaginem que o setor de escolha para o desenvolvimento de cada projeto idealizado por vocês seja altamente concentrado (poucos fornecedores e de grande porte). Em razão disso, existe uma alta possibilidade de que eles imponham suas condições de venda.

– Professor, por favor, explique quais são as consequências práticas dessa situação – solicita Rose.

– Provavelmente, fará com que seu negócio tenha um problema de queda de lucratividade (por não ter como repassar os custos mais elevados para o preço de seus produtos) e de uma necessidade maior de capital para aquisição dos insumos (causada pelo aumento de estoques).

– Portanto, temos de analisar bem o grau de concentração de mercado de nossos futuros fornecedores e nos preparar para enfrentar ou amenizar o impacto do poder de impor as condições de venda, correto? – questiona Mark.

– Conclusão perfeita, Mark!

– Reinaldo, como podemos avaliar esse poder? – quis saber Bia.

> Alguns fatores-chave que devem ser levados em consideração na avaliação do poder dos fornecedores: grau de concentração dos fornecedores, disponibilidade de produtos substitutos, diferenciação dos produtos e serviços dos fornecedores, além dos custos de troca do comprador. Quanto maior for o grau de concentração de fornecedores (pouco, médio e grande porte), maior é o poder de estabelecer as condições de venda para os compradores.

– O que fazer nessa circunstância? – pergunta Alê.

– Vocês deverão escolher uma combinação das seguintes ações: repassar o custo dos insumos adquiridos desses fornecedores para o preço de seus produtos ou serviços ou criar poder de negociação mediante a associação com outras empresas do mesmo ramo.

– Existem mais soluções? – perguntou Rafa.

– Sim, Rafa. Vocês podem se preparar para enfrentar essa posição com o aumento da produtividade pela redução de custos e reforço no capital investido nos negócios ou mudar o negócio para um setor menos afetado pelo grau de concentração dos fornecedores.

– Irani, qual é o impacto da disponibilidade de produtos substitutos?

– Está relacionada com a possibilidade de trocar um insumo, como uma matéria-prima integrante de seu produto, por outra. Vou dar um exemplo. Imagine um produtor de esquadrilhas de alumínio que tenha de adquirir peças de alumínio de uma grande empresa para a montagem de seu produto. Ele poderá substituir as peças de alumínio por peças de plástico.

– O que acontece quando essa mudança é impossível, mais cara ou de pior qualidade?

– Nessas condições de baixa ou nenhuma disponibilidade de insumos substitutos não resta alternativa a não ser comprar de quem vende esse insumo e tentar negociar as condições de venda mais favoráveis, além de adotar, simultaneamente, as ações especificadas quando tratamos do fator grau de concentração.

– Qual é a importância do grau de diferenciação dos produtos e serviços dos fornecedores, Reinaldo? – quis saber Giovanna.

– Quando o poder dos fornecedores é alto, pelo fato de os insumos ofertados serem especializados ou diferenciados, o empreendedor é forçado a adotar ações indicadas para o fator grau de concentração. Quando os custos são altos, devido ao impacto que essa mudança pode causar nos processos do comprador, este deverá verificar a possibilidade de adotar uma ou mais ações sugeridas para o fator concentração dos fornecedores. Um exemplo dessa situação está relacionado com a troca de uma máquina-chave do processo de produção da empresa por outra, o que acarreta diversas mudanças no processo produtivo, com alto custo para o comprador.

– Vamos prosseguir com nosso papo sobre o modelo de avaliação sugerido por Porter, abordando a ameaça de entrada de novas empresas. Nesse contexto, vamos considerar a perspectiva da eventual entrada de seus empreendimentos em algum setor econômico – informa Irani.

– Pelo que entendi de sua introdução à ameaça de entrada de um concorrente em um mercado já estabelecido, pode-se "mexer no vespeiro" e fazer com que as "vespas" reajam e venham nos atacar para se defenderem. Certo, professor? – conclui Rose.

– Mais uma vez sua metáfora para descrever essa situação é perfeita, Rose. Dependendo do potencial de ameaça que seu negócio possa oferecer aos empreendedores já estabelecidos, você pode esperar deles alguma reação que visará impedir ou dificultar sua intenção de se estabelecer no setor.

– Mesmo que seja apenas um pequeno negócio? – retruca Rose.

– Na maioria das vezes, um empreendimento com pequena amplitude de atuação não despertará muita atenção ou reação dos concorrentes. Na medida em que o negócio for crescendo e atingir um porte significativo, é fato que deverá esperar alguma reação das empresas já existentes.

– Como os concorrentes podem reagir? – quis saber Mark.

– A reação imediata mais provável é a redução no preço dos produtos ou serviços ofertados, visando diminuir a competitividade e forçando-o a acompanhar esse movimento, diminuindo ou zerando sua lucratividade. Isso, no médio prazo, pode significar sua eliminação do mercado.

Reinaldo complementa, afirmando:

– É bom lembrar que na guerra pela manutenção dos clientes não se pode esperar um comportamento muito "santo" dos concorrentes. A ameaça causada pela entrada de um novo concorrente também dependerá da existência dos obstáculos construídos pelas empresas instaladas, visando impedir ou dificultar o aparecimento e o desenvolvimento de novos concorrentes.

– Reinaldo, como esses obstáculos podem causar impacto em nossa decisão de iniciar um novo negócio ou projeto? – pergunta Rose.

– Quanto mais desafiadores forem esses obstáculos, mais protegidos estarão os atuais concorrentes contra a entrada de um novo participante no mercado e maiores serão as dificuldades para aqueles que desejam entrar no setor. Esse é um fator a ser muito bem considerado na hora de decidir criar e implementar um novo empreendimento.

– Gostaria de saber mais sobre esses obstáculos para que eu e meus companheiros possamos avaliar melhor os riscos da decisão de iniciar um empreendimento – diz Bia.

– Vou detalhar esses obstáculos para que vocês diagnostiquem melhor a viabilidade das oportunidades – afirmou Irani. – Quando fazemos essa avaliação, devemos focar na existência desses obstáculos e decidir como suplantá-los.

Inicio apresentando a questão acerca das economias de escala que existem no setor em que pretendem desenvolver os respectivos empreendimentos.

– Antes de você comentar as características desse obstáculo, seria interessante que explicasse o significado de "economias de escala" – solicita Alê.

– De forma simples, as "economias de escala" ocorrem quando uma empresa produz ou comercializa produtos e serviços em grande quantidade, fazendo com que seu custo seja menor quando comparado aos custos de uma pequena empresa.

– Irani, qual é a vantagem de uma empresa que opera com "economias de escala"? – quis saber Rafa.

– Esse efeito financeiro permite que a empresa, com "economias de escala", seja mais competitiva porque pode praticar preços menores sem perder a lucratividade, fato que se transforma em um obstáculo para a entrada de uma empresa de pequeno porte no mercado.

– Posso concluir que em todos os nossos projetos empreendedores teremos de lidar com esse fato? – pergunta Giovanna.

– Em maior ou menor grau, afirmo que sim. De forma geral, a empresa recém-entrada no mercado, com certeza, vai ter custos superiores aos daquelas que já estão instaladas no setor, devido ao fato de serem inexperientes no negócio e por não usufruirem dos benefícios financeiros, já que a escala de atividades ainda é baixa.

– O que provoca essa situação? – quis saber Mark.

– A falta de escala na aquisição e na transformação de insumos em produtos ou serviços acabados, assim como em sua distribuição faz com que as novas empresas tenham custos mais altos e, portanto, pouca competitividade em relação aos concorrentes instalados há algum tempo no mercado.

– Reinaldo, o que podemos fazer para superar esse obstáculo? – pergunta Rose.

– A falta de economia de escala nos novos negócios tem sido compensada com a adoção de novas tecnologias pelos modernos empreendedores e de formas mais criativas para superar esse obstáculo, tais como a utilização da internet e de redes sociais e, principalmente, tendo como foco sua ação em nichos de mercados ainda não explorados pelos atuais concorrentes. Esse deverá ser o caminho mais provável a ser seguido por vocês.

– Concordo totalmente com a dica dada pelo Reinado e reforço que vocês devem tentar alguma combinação criativa que permita competir em mercados com essa característica, por meio da diferenciação do produto ou serviço, de novas formas de comercialização, uso de insumos alternativos, localização adequada do empreendimento etc. – complementa Irani.

Reinaldo volta novamente à sua sugestão:

– Vou dar outra dica. É interessante, no curto prazo, iniciar um novo empreendimento em pequena escala com alguma desvantagem no custo e na lucratividade e, assim, criar uma barreira para desestimular a entrada de novos concorrentes.

– Gostaria de saber qual é a importância da diferenciação do produto ou serviço para enfrentar os obstáculos na implementação de nossos empreendimentos em algum setor em que identificamos as oportunidades – pergunta Bia.

– Diferenciar os produtos ou serviços daqueles já ofertados pela concorrência estabelecida é uma forma de superar esse tipo de obstáculo, Bia. Mas pode exigir investimentos significativos em pesquisa, *marketing* e na marca para conquistar os clientes potenciais – responde Irani.

– O montante de recursos financeiros para investir em pesquisa, ações de *marketing* e criação de uma imagem forte da marca pode ser um grande obstáculo para a entrada de novos empreendimentos como os nossos no mercado, correto? – pergunta Rafa.

– Conclusão brilhante, Rafa! – responde Irani, entusiasmado.

> **O elevado montante de capital para bancar o investimento inicial pode, sim, ser um forte obstáculo para a entrada de novos empreendimentos em mercados com concorrentes seguramente estabelecidos.**

– Podem ocorrer outros motivos para elevar o volume de capital inicial para investir em um novo negócio, professor?

– Alguns tipos de negócios, além de exigirem altos investimentos em pesquisa, *marketing* e marca, exigem maiores recursos de capital para aquisições de tecnologias, máquinas, instalações e equipamentos específicos e para atender o tamanho mínimo de escala para competir em pé de igualdade com os demais concorrentes.

– Um custo elevado para a troca de fornecedor pelo consumidor pode ser uma barreira para a implementação de um novo negócio, já que esse fato poderia dificultar a ação de conquista dos clientes dos concorrentes? – questiona Alê.

– Certamente! Esse custo vai além de sua expressão financeira. Deve-se considerar qual é o esforço e a energia que o consumidor deverá aplicar, como na troca do sistema *Windows* da *Microsoft* pelo sistema operacional equivalente da *Apple*. Além do custo financeiro da troca de sistemas, o consumidor deverá aplicar um grande esforço para aprender a lidar com o novo sistema. E, geralmente, ele prefere permanecer naquele em que já está acostumado a trabalhar. Por esse motivo, a *Microsoft* tem 80% de participação no mercado.

– Como o poder dos clientes pode afetar a rivalidade entre os concorrentes de determinado nicho de mercado, Irani? – pergunta Mark.

> Os clientes afetam o mercado ao provocarem uma redução nos preços por causa de seu poder de negociação. O poder aquisitivo dos clientes dependerá da importância de suas compras, tanto em termos de valor como do volume, diante dos fornecedores.

– Como essa pressão para reduzir os preços funciona, professor?

– Quanto mais concentrado for o número de clientes (pouco, médio ou grande porte) maior será o poder de forçar seus fornecedores a reduzir os preços, principalmente quando estiverem atuando em um mercado formado por empresas fornecedoras de micro e pequeno porte.

– Você poderia dar um exemplo dessa situação?

– Pensemos em empresas de pequeno porte que vendem para grandes supermercados. Estes impõem o preço, as condições de pagamento, o prazo de entrega etc., especialmente quando há pouca diferenciação entre os produtos ofertados por grande número de pequenas empresas.

– Quando ocorre muita rivalidade entre os concorrentes de determinado mercado, há uma tendência de competir com margens de lucro muito pequenas. Esse fato fará com que ocorra uma forte pressão para reduzir os preços de produtos, serviços ou mercadorias, visando manter pequenas margens de lucro – complementa Reinaldo.

– Nós teremos que enfrentar essa pressão? – pergunta Rose.

– É muito provável, principalmente se seus futuros clientes pertencerem a esse grupo de grandes compradores.

– O que fazer nessa situação? – pergunta Rose.

– Uma alternativa interessante é procurar vender para setores não muito concentrados, formados por empresas mais lucrativas e nos quais é baixo o grau de rivalidade entre os concorrentes.

– Resumindo, Irani, quais são as principais conclusões do diagnóstico das forças de Porter? – quis saber Giovanna.

– A principal conclusão é a importância de efetuar um diagnóstico profundo dessas forças para ter um forte conhecimento do mercado em que vocês pretendem atuar, visando avaliar o grau de atratividade do setor. Quanto mais intensas forem essas forças, menos atrativo será o negócio, com baixo potencial de lucro.

– Reinaldo, como diagnosticar se a competitividade entre os concorrentes vai influenciar em nossos futuros negócios? – pergunta Alê.

– Acredito que, em primeiro lugar, devemos reforçar o que é competitividade empresarial. Segundo Porter, a competitividade é a capacidade que resulta de conhecimentos adquiridos pelo empreendedor, que os torna capaz de criar e manter um empreendimento.

– Essa capacidade deve ser aplicada com vista a um desempenho superior ou semelhante ao negócio desenvolvido pela concorrência, permitindo expandir ou manter, permanentemente, uma participação interessante no setor de atuação. Está é uma regra de ouro para se ter sucesso em qualquer negócio – complementa Irani.

– Como aplicar esse conceito, na prática, Reinaldo?

– Adquirindo conhecimentos sobre o negócio e sua administração, usando seu talento para criar e implementar empreendimentos com grau de competitividade superior ou semelhante ao de seus futuros concorrentes.

– O que poderá contribuir para o sucesso dos nossos futuros empreendimentos na busca da competitividade? – quis saber Rafa.

– Ser competitivo significa que uma empresa necessita desenvolver uma ou mais características que evidenciem uma vantagem competitiva, que pode derivar de custos mais baixos em relação aos incorridos pelos demais concorrentes.

– Uma empresa competitiva demonstra eficácia no desenvolvimento de seu negócio e no valor agregado que oferta em seus produtos ou serviços, avaliados pelo interesse dos clientes potenciais em adquiri-los de maneira sistemática – ressalta Irani.

– Como ser um concorrente competitivo? – quis saber Mark.

– É ser aquele que tem capacidade de identificar e desenvolver oportunidades não somente por meio de inovações tecnológicas em produtos ou serviços, mas também incorporando mudanças nos processos, nas práticas de *marketing* e criando novos modelos de negócio e de gestão – diz o professor.

– Ser competitivo depende somente dos esforços do empreendedor para que seu negócio tenha sucesso? – continua questionando Mark.

– Ótima questão, Mark. Com ela você permite a inclusão de outras perspectivas nessa conversa. O que apresentamos até aqui está relacionado com a competitividade de uma empresa no setor em que atua ou pretende atuar. Temos de introduzir a noção de outros tipos de competitividade: sistêmica e estrutural.

– Professor, que "bicho" é esse? – brinca Bia.

> Quando o empreendedor avalia a competitividade de seu empreendimento, considerando a cadeia produtiva na qual está inserido, ele está diagnosticando o grau de competitividade estrutural. Nenhuma empresa é uma ilha isolada, pois está inserida em um mercado específico, que se relaciona com o produto ou serviço por ela ofertado.

– Esse mercado é o ambiente competitivo no qual a empresa se relaciona diretamente, formado por outras empresas e organizações (fornecedores, concorrentes diretos, indiretos, clientes, canais de distribuição etc.), conforme demonstramos ao abordar as cinco forças de Porter. O comportamento desses agentes está, parcialmente, sob seu controle – explica Reinaldo.

– Não entendi. Irani, explique o que é cadeia produtiva – solicita Bia.

– É uma sequência de atividades de produção, comércio e serviços que engloba todas as etapas, desde os fornecedores de insumos até a oferta de um produto (bem ou serviço) ao consumidor final. Existe, por exemplo, a cadeia produtiva do trigo, que é formada por fornecedores de insumos (sementes, fertilizantes, máquinas e implementos agrícolas etc.), produção de trigo (moinhos de trigo – produção de farinha de trigo), atacadistas (distribuidores de farinha de trigo embalada em sacos de 60 quilos), varejistas (padarias) e o consumidor final.

– De que maneira o funcionamento dessa cadeia influencia seus participantes? – completa Bia.

– A competitividade de um grupo de empresas, inserido em qualquer ponto dessa cadeia produtiva, como as padarias, por exemplo, vai depender da competitividade dos demais participantes desse setor – explica Irani.

– Se a semente utilizada para produção do trigo for de qualidade inferior, todas as empresas desse setor serão prejudicadas em seus resultados – declara Reinaldo.

– De que forma esse fator pode impactar nas demais empresas do setor, Reinaldo? – questiona Rafa.

– De nada adianta o elo de produção de pão, ou seja, as padarias, ser competitivo, se a semente utilizada for de baixa qualidade ou se o maquinário de plantio e colheita do trigo for dotado de uma tecnologia de baixa produtividade e encarecer os custos de produção de toda a cadeia.

– A integração e a interação dessas atividades indicam que a competitividade de cada empresa, que pertence à cadeia produtiva do trigo, dependerá das ações implementadas pelas empresas dos demais segmentos, conforme a apresentação do modelo das cinco forças de Poter – declara Irani.

– Para efeito de diagnóstico da competitividade dos nossos futuros empreendimentos, existe alguma forma de identificar nossa cadeia produtiva? – indaga Giovanna.

– Tendo o foco em seu negócio, caminhe alguns passos para trás e identifique os segmentos de fornecedores de seus insumos (matérias-primas, mercadorias, máquinas, equipamentos, informações etc.). Em seguida, adiante alguns passos e descubra seus canais de distribuição: atacadistas e/ou varejistas.

– Faltou explicar o que é a competitividade sistêmica e qual sua importância no diagnóstico da competitividade de nossas futuras empresas – afirma Rose.

– Obrigado, Rose, por lembrar-me de debater com o grupo esse último tópico. A competitividade sistêmica está relacionada com o ambiente externo nacional ou internacional no qual está inserida uma empresa ou setor. Diagnosticar o comportamento futuro das variáveis que integram esse ambiente é de fundamental importância para o sucesso empresarial.

– Como o comportamento das variáveis do ambiente externo pode afetar a competitividade dos nossos negócios? – pergunta Rose.

– O ambiente externo é composto de variáveis críticas cujo comportamento determinará o grau de competitividade estrutural e empresarial. Ele é formado por variáveis econômicas, fiscais e financeiras, sociais, políticas e institucionais, legais ou regulatórias, internacionais e tecnológicas, que causam impacto direto ou indireto nos negócios que ocorrem na cadeia produtiva ou empresa.

– Qual é o significado da palavra "sistêmica"?

– Esse conjunto de variáveis é chamado de competitividade "sistêmica" porque individualiza o sistema em que a empresa desenvolve seus negócios, cujo comportamento não pode ser influenciado pelas empresas.

– Vamos tomar como exemplo o comportamento da variável taxa básica de juros que é definida pelo Banco Central do Brasil – diz Reinaldo. Quando o comportamento futuro dessa variável aponta uma tendência de queda, esse fato sinaliza que poderá ocorrer uma expansão do consumo, derivado das compras financiadas a juros baixos.

> Os empresários, considerando esse cenário, realizam investimentos para aumentar sua capacidade de produção para atender a esse acréscimo previsto na demanda, gerando mais empregos que, por sua vez, produzem o aumento de renda e do consumo – completa o professor.

– Quais são os efeitos da competitividade sistêmica em nossos projetos? – quis saber Rose.

– O comportamento das variáveis da competitividade sistêmica produz efeitos positivos (oportunidades) ou negativos (ameaças) na cadeia produtiva e no plano interno das empresas, exigindo dos empreendedores uma vigilância permanente dos seus possíveis impactos, visando moldar sistematicamente as atividades dos negócios – declara Reinaldo.

– Professores, tivemos a oportunidade de conversar sobre diversos aspectos do pilar Diagnosticar e eu gostaria de perguntar: o que é mais importante na hora de decidir dar andamento ao nosso empreendimento? – quis saber Bia.

– Essa é uma ótima questão para finalizar nossa reunião – afirmou Irani. Cada um deverá seguir um empreendimento que desperte o sentimento de paixão pelo desafio de desenvolver algo útil à sociedade. Paixão é sentir verdadeiramente prazer no que se faz. É alguma coisa que se quer realizar por gostar, desejar e conquistar.

– Quando a gente descobre que tem essa paixão por empreender, de querer ser dono do próprio negócio? – pergunta Alê.

– Quando ela se revela, sabemos quase que imediatamente, pois esse sentimento nos leva, em algum momento de nossa busca, a dizer: "É isso que eu quero realmente fazer".

– Qual é a importância de sentir paixão por algo que queremos fazer como empreendedores? – indaga Rafa.

– Como vocês já devem ter percebido, iniciar e manter um negócio exige muita dedicação, trabalho e energia por parte dos empreendedores. Para tanto, a paixão cumpre uma função importante de ser o motor que movimenta esses fatores. É a paixão que mantém o empreendedor centralizado na realização de seu sonho, tornando o esforço mais prazeroso – declara Reinaldo.

– Como já tivemos inúmeras oportunidades de enfatizar, um novo empreendimento deve atender a uma ou mais necessidades de um grupo bastante amplo de pessoas. Essa condição faz com que o empreendedor esteja apaixonado pelo diagnóstico dessas necessidades e busque um produto ou serviço que possa satisfazê-las – diz Irani.

– Muito bem, turma, acredito que já exploramos suficientemente o pilar Diagnosticar. Tenho certeza de que vocês se abasteceram de conhecimentos e práticas que vão possibilitar uma análise bastante profunda da viabilidade de seus empreendimentos, além de estarem capacitados para tomar a decisão de continuar ou não nessa longa jornada. Vamos agora para o próximo pilar: Sonhar – pontua Irani.

– Vou encerrar esta reunião reforçando que vocês precisam sonhar, pois assim se sentirão motivados a buscar as condições necessárias para realizar seus desejos. Até o nosso próximo encontro, turma – disse Reinaldo.

Como transformar
o empreendimento em sonho real

Iniciando mais uma rodada de conversa, desta vez, vamos abordar o segundo pilar da **Metodologia DSOP** – Sonhar. Reinaldo, Irani e os demais participantes estão bastante animados, mas um fato os preocupa: Bia não irá mais participar dos encontros.

– Sejam todos bem-vindos a esta reunião inicial. Hoje vamos tratar do tema relacionado com o segundo pilar da **Metodologia DSOP** – Sonhar. Como vocês já devem ter percebido, estou um pouco triste com a desistência da Bia – declara Irani.

– Professor, gostaria de saber se ela explicou os motivos que a levaram a desistir desses encontros – pergunta Rose.

– Talvez o mais apropriado fosse dizer que a Bia não desistiu de seu sonho de montar um negócio, apenas adiou a realização para um momento mais adequado. Em uma longa conversa que tive com a Bia, ela justificou que sua decisão estava fundamentada no fato de que se considerava com pouca maturidade e experiência para enfrentar os diversos passos que foram apontados por mim e por Reinaldo na primeira fase desse bate-papo. A maioria dos casos de sucesso de empreendedorismo mostra que é necessário uma boa dose desses dois fatores, adquiridos em negócios próprios ou como empregado de uma organização existente para conhecer a dinâmica dos negócios, tais como comprar, administrar, vender etc. É claro que a inexperiência não deve impedir o sonho do empreendedorismo, mas é preciso cuidado e segurança no que se faz ao assumir o risco de empreender. Creio que a Bia optou por esperar as ideias amadurecerem, o que logo deverá ocorrer. Mas nós vamos em frente.

– Reinaldo, você poderia explicar um pouco sobre o segundo pilar da **Metodologia DSOP**?

– Os sonhos têm a capacidade de motivar, fazendo com que os empreendedores e suas empresas cresçam e prosperem. Seja qual for o estágio de sua empresa, é preciso que vocês sempre renovem seus sonhos, seus objetivos. Por isso o sonho deve vir antes do dinheiro. Vocês precisam sonhar, assim serão motivados a buscar as condições necessárias para realizar tudo que desejam. Os sonhos devem ser prioritários na vida de cada um de vocês, e se vocês querem realmente empreender, precisam economizar para realizar os investimentos necessários à manutenção e crescimento de sua empresa. Esse é o segredo para realizar seus sonhos como empreendedor, sejam eles de curto, médio ou longo prazos.

– Nós pretendemos empreender pelo que sonhamos conquistar. A motivação básica vem desse sonho. Montar um negócio só para ganhar dinheiro, ter reconhecimento ou fama talvez não sejam os únicos objetivos, mas muitos empreendedores creem e convivem com essa doce ilusão. Precisamos nos apaixonar pelo que pretendemos realizar como empreendedores ou não ficaremos felizes em criar um negócio próprio. Apenas nós sabemos o que nos faz felizes. Esse sentimento de felicidade sempre deverá ser perseguido e conquistado para servir de guia de que estamos no caminho certo. Para tanto, precisamos agir em função da realização dos nossos sonhos. Atuando dessa forma é que verdadeiramente poderemos nos considerar senhores dos nossos caminhos. Todos os empreendedores de sucesso foram e continuam sendo também grandes sonhadores! – complementa Irani.

– Gosto muito de uma frase de Nathalie Trutmann, que está no livro *Manual para jovens sonhadores*. Cito-a agora para vocês: "O valor de seguir um sonho está nessa felicidade que nos permite passar horas fazendo o que gostamos, sem ter noção do tempo, e que nos dá a autoconfiança de nos sentirmos satisfeitos com o que temos" – declara Reinaldo. – Este livro está repleto de exemplos sobre a importância de sonhar. Além da frase já citada, destaco também: "[...] porque a única coisa mais dolorosa do que não alcançar um sonho é não correr atrás dele, desistir e se conformar sem sequer tentar, perdendo a energia e a felicidade que a aventura pode nos gerar".

– Estou, agora, ainda mais consciente de que devo continuar a perseguir a realização do meu sonho empreendedor – diz Alê. – Espero que esse sentimento tenha também invadido a mente e o coração dos meus colegas. Embora esteja convencido de atingir esse objetivo, surge na minha imaginação uma dúvida: por onde começar essa longa caminhada? Sinto certo receio em dar o primeiro passo. Como escolher qual é o caminho certo se tenho diversas opções de negócios, fruto da aplicação do diagnóstico que realizei ao terminar a primeira parte deste bate-papo?

Em decorrência desta pergunta, Irani indaga aos demais participantes se também se sentiam da mesma maneira. Para sua surpresa, todos os demais participantes manifestaram o mesmo sentimento.

– Reinaldo, acho que você como grande empreendedor que é, pode orientar neste aspecto.

– Em termos práticos, afirmo que não existe caminho certo ou errado. Empreender não significa apenas ter uma boa ideia e um bom planejamento, com início, meio e fim claramente especificados.

> A dúvida é uma situação que está presente diariamente na vida do empreendedor. Para enfrentar esse estado de incerteza, o empreendedor deve desenvolver um elevado grau de autoconfiança, obter o máximo de informações e tomar decisões que lhe pareçam as mais apropriadas. Se errar, deve dar a volta para trás e reiniciar o processo. Esse é o sentido da aprendizagem empresarial – errar cada vez menos.

– O erro deve ser entendido como a oportunidade de reiniciar, sempre que necessário e possível, um novo ciclo de diagnóstico, planejamento e execução de ações que visam aperfeiçoar o desempenho empresarial. A capacidade de resistir às adversidades é um comportamento imperativo ao empreendedor, em face dos desafios da atividade empreendedora. Significa transformar situações de risco em oportunidades, e não desistir diante dos erros.

– A experiência empresarial diária é repleta de circunstâncias que não foram totalmente identificadas em nosso diagnóstico inicial, as quais não devem ser ignoradas por desacertos de análise e previsão cometidos pelo empreendedor. De acordo com Nathalie Trutmann: "por meio dos nossos erros é que aprendemos e crescemos. Quando erramos, percebemos que fizemos alguma coisa que não funcionou como esperávamos ou acreditávamos e nos vemos forçados a parar e refletir sobre nossas ações".

– Professor, como lidar com as inseguranças e incertezas sobre os erros de nossas escolhas?

– Primeiro, é importante identificar as causas desses sentimentos tão comuns em todas as pessoas em qualquer momento de decisão. A Folha de S. Paulo publicou há um tempo um artigo muito interessante, intitulado "Medos e Inseguraças", escrito por Adriana Gomes, no qual ela aborda questões como o perfeccionismo, a falta de preparo, a baixa autoestima, a dificuldade de lidar com críticas, o pouco autoconhecimento etc. Recomendo a leitura a todos vocês. O segundo passo, obviamente, é enfrentar esses temores mudando o comportamento e a atitude para minimizar seus efeitos. Se não for capaz de atingir esse objetivo, sugiro o apoio de um profissional qualificado, pois sem solucioná-los o empreendedor terá grandes dificuldades ao longo de toda sua experiência empresarial.

– Só a ação e o enfrentamento podem resgatar vocês desses sentimentos – completa Reinaldo.

– Sonhar é o princípio básico de todas as grandes realizações da humanidade. O empreendedor é aquele que não só sonha, cria uma nova empresa ou expande um negócio atual, mas também aquele que realiza suas ideias com paixão, determinação, foco, perseverança, criatividade, inovação e coragem. Os sonhos só se transformam em realidade quando se dá o primeiro passo, que é transformar uma ideia, que está na mente do empreendedor, em um plano de ação. Agindo dessa forma, o sonho do empreendedor será transformado em objetivos, metas e ações, levando-o a agir, persistir e ter uma dose extraordinária de determinação na direção desejada.

– O que significa, na prática, transformar o sonho do empreendedor em realidade, Reinaldo? – Rafa questiona.

– Significa, em primeiro lugar, declarar as intenções estratégicas que auxiliam o empreendedor a dar uma direção e visão clara do que pretende realizar. Essas intenções são compostas pelas declarações do negócio da empresa, bem como a missão, a visão e os valores.

– E como devemos definir qual é o negócio associado aos nossos futuros empreendimentos? – completa Rafa.

> Definir o negócio é o primeiro passo para explicitar o âmbito de atuação da empresa. Uma forma ineficaz e comum de responder a essa indagação é focar a resposta no produto ou serviço oferecido pela empresa, ao invés de considerar o benefício por ele gerado. A forma correta de analisar e responder à pergunta: "Qual é o nosso Negócio?" é considerar o benefício que se pretende proporcionar aos clientes.

– Espero que nossa reflexão sobre a definição do negócio revele sua fundamental importância para que todas as pessoas, futuramente vinculadas aos nossos negócios, entendam em que atividades estamos envolvidos. Com essa declaração, o trabalho para a realização dos objetivos será facilitado pela concentração de tempo, recursos e energia naquilo que realmente trará os resultados almejados. Claro que temos de dar uma definição certa, caso contrário teremos dificuldade de estabelecer prioridades e tomar decisões corretas – declara Irani.

– Professor, gostaria que você nos fornecesse exemplos de declaração de negócios.

– A Natura define seu negócio como "Bem estar bem" – benefício gerado por seus produtos, e não como "cosméticos", que é o nome geral de sua linha de produtos. A Walt Disney declara que seu negócio é "Fazer as pessoas felizes", ao invés de defini-lo como "parque de diversões". Um banco não define seu negócio como "serviços financeiros" (produtos), mas sim como "soluções financeiras" (benefícios para os clientes). Percebam a importância de deixar claramente identificado, na definição do negócio, qual é o benefício que pretendemos entregar aos clientes em troca de sua fidelidade aos nossos produtos ou serviços. Lembrem-se sempre do conceito de valor desenvolvido no pilar Diagnosticar – a relação entre o custo da compra de um bem e os benefícios gerados para o cliente em seu ciclo de aquisição. Quanto maior for o benefício em relação ao custo, maior será o valor do produto ou mercadoria para o cliente e maior é a competitividade da empresa diante dos concorrentes.

– Depois de abordar a definição do negócio, que indica o quadro de referência das ações estratégicas da empresa, é preciso declarar sua missão, o que justifica sua existência – declara Reinaldo, dando prosseguimento ao assunto. – Em outras palavras, a missão é o papel exercido pela empresa em seu negócio. É a razão de ser do empreendimento. Deve funcionar como estímulo estratégico, chave para o sucesso do negócio e responder às questões: Para que existimos? Qual é a nossa finalidade? Qual é o nosso propósito? Como minha empresa atinge seu propósito? O que faz? Pagnoncelli e Vasconcellos, autores do livro *Sucesso empresarial planejado*, apresentam uma citação sobre a "missão" do guru da administração Peter Drucker: "Uma empresa não se define pelo seu nome, estatuto ou produto que faz; ela se define pela sua missão. Uma definição clara da missão é a razão de existir da organização e torna possíveis, claros e realistas os objetivos da empresa"[8]. Muito importante é saber que a missão fornece a base referencial para a formulação dos objetivos estratégicos da empresa. Podemos concluir que a Missão reflete a razão de ser da empresa porque responde à questão "Para que existimos?". Em um contexto de mudanças constantes, acredito ser importante que a resposta a essa questão seja flexível para permitir que o empreendedor ajuste sistematicamente sua empresa às mudanças ambientais.

– A função da declaração da missão é apenas orientar seus colaboradores e gestores, de forma clara, sobre o que é a empresa na qual trabalham e qual é sua razão de ser? – quis saber Mark.

[8] *Rio de Janeiro: Quality Mark, 2002.*

– Além de cumprir a função por você abordada, a missão também serve para orientar agentes externos (clientes, fornecedores e sociedade em geral), contribuindo para a imagem positiva perante os públicos externos e para a fidelização dos clientes – declara Irani.

– Existe alguma forma de orientar a formulação da missão para preencher os requisitos anteriormente apresentados, Reinaldo? – quis saber Alê.

– A declaração da missão da Natura anteriormente apresentada é denominada declaração restrita. Muitas empresas têm também uma declaração de missão mais extensa, denominada missão ampliada, obviamente, de maior dificuldade de memorização e mais rica em conteúdo. A declaração ampla da missão da Natura é: "Nossa razão de ser é criar e comercializar produtos e serviços que promovam o Bem-Estar/Estar Bem. Bem-Estar é a relação harmoniosa agradável do indivíduo consigo mesmo, com seu corpo. Estar Bem é a relação empática, bem-sucedida, prazerosa do indivíduo com o outro, com a natureza da qual faz parte, com o todo". Vou decompor essa declaração em seus elementos constituintes e associá-los a algumas questões-chave, que poderão ser aplicadas na formulação das missões de seus negócios: "Criar e comercializar produtos e serviços que promovam o Bem-Estar/Estar Bem" responde à questão básica: O que a empresa deve fazer?. "O indivíduo, com seu corpo e com o outro" diz respeito à questão: Para quem deve fazer?. "Criar uma relação harmoniosa e empática agradável" relaciona-se com a pergunta: Para que deve fazer? "Estar em harmonia com a natureza" responde à questão: Qual responsabilidade social deve ter? Essas questões fazem parte da metodologia apresentada por Pagnoncelli e Vasconcellos no livro *Sucesso empresarial planejado*.

– Apesar dos exemplos citados pelo Reinaldo, é necessário identificar melhor o sonho empreendedor. Quando sonhamos, imaginamos algo que está no futuro, portanto, a missão apenas indica a orientação do que nossa empresa deve fazer no dia a dia no segmento de negócios escolhido – diz Irani.

– Tenho a sensação de que vocês estão percebendo esse vácuo, que será preenchido quando formos tratar do terceiro passo na definição da intenção estratégica citada anteriormente, a declaração da visão, que é um texto no qual o empreendedor exprime, de forma real, razoável e pragmática o seu sonho. É a situação futura possível e desejada para sua empresa. É como ele gostaria que o seu segmento empresarial, o mercado ou a sociedade em que está inserido reconhecesse sua empresa em cinco, dez ou vinte anos.

Esse enunciado reflete o objetivo superior a ser conquistado pelo empreendedor e seus colaboradores na execução da missão, diz Reinaldo.

– Qual é a importância da declaração da visão, Reinaldo? – questiona Giovanna.

– Em um artigo escrito pelos professores James Collins e Jerry Porras, há uma boa explicação sobre a importância da visão: "Os grandes navegadores sempre sabem onde fica o norte. Sabem aonde querem ir e o que fazer para chegar a seu destino. Com as grandes empresas acontece a mesma coisa: elas têm visão. É isso que lhes permite administrar a continuidade e a mudança simultaneamente"[9]. Vou completar esse pensamento com a declaração de visão da Natura: "A Natura por seu comportamento empresarial, pela qualidade das relações que estabelece e por seus produtos e serviços, será uma marca de expressão mundial, identificada com a comunidade das pessoas que se comprometem com a construção de um mundo melhor através da melhor relação consigo mesmas, com o outro, com a natureza da qual fazem parte, com o todo". Peço que vocês observem a relação entre a visão, a declaração do negócio e a missão dessa empresa. Essas três afirmações estão perfeitamente integradas, demonstrando uma clara definição de sua intenção estratégica.

– Uma declaração de visão deve atender às questões básicas: Qual é o objetivo fundamental? No que vamos competir (marco competitivo)? Com que vantagens competitivas? Qual é o cenário futuro da competição? – declara Irani.

– Já que todos vocês vieram com seus respectivos computadores, que tal realizarmos uma pesquisa para identificar alguma citação que explique a importância da declaração de visão? – continuou ele.

Depois de alguns minutos, o grupo elegeu a declaração que Rafa encontrou como a melhor dentre todas. Ela diz: "Explicitar o que a empresa quer ser, unificar as expectativas, dar um sentido de direção, facilitar a comunicação, ajudar no envolvimento e comprometimento das pessoas, dar energia às equipes de trabalho, inspirar as grandes diretrizes, as estratégias e demais ações da empresa" (COSTA, 2007, p.36)[10].

– Muito bem, vocês fizeram ótimas pesquisas. Agora, vamos abordar outro

---

[9] COLLINS, James C.; PORRAS, Jerry I. Construindo a visão da empresa. HSM Management, São Paulo, n. 7, a. 2, p. 32-42, mar./abr. 1998.
[10] COSTA, Eliezer Arantes da. Gestão estratégica: da empresa que temos para a empresa que queremos. 2.ed. São Paulo: Saraiva, 2007.

tema: o conceito de valores. Resumindo o que foi apresentado até aqui, reafirmo que a definição do negócio, da missão e da visão são os direcionadores fundamentais de todas as ações de nossos empreendimentos. Porém, falta algo para dar a "liga" a esses três enunciados. É o estabelecimento das "regras do jogo" para que todos saibam o que é certo ou errado, o que pode ser feito e o que não pode, diz Reinaldo.

– A declaração de valores é o fator que estabelece como vamos perseguir nossa missão e realizar a visão empresarial, obedecendo a certas "regras" duráveis e inalteráveis, denominadas princípios e credos. Elas devem ser observadas pelos gestores e colaboradores, independentemente da situação, seja ela boa ou ruim, pela qual esteja passando uma empresa no processo de tomada de decisão que norteia todas as ações e as relações com os agentes do mercado: clientes, fornecedores, autoridades públicas etc. Também servem para rejeitar interesses estranhos ao negócio. Seguindo os exemplos anteriores, exponho os valores da Natura: humanismo, criatividade, ousadia, inovação, equilíbrio, harmonia, interdependência e transparência, continua.

– Os valores de uma empresa definem as "regras do jogo" a fim de evitar confusões e conflitos nas relações internas e externas entre as pessoas, finaliza.

> Caso, por exemplo, seja definido como valor da empresa a ética nos negócios, não será permitido que seus colaboradores pratiquem negociações com futuros cliente ou fornecedores fora dos códigos comercial e tributário. Caso contrário, eles poderão correr o risco de serem autuados com pesadas multas pelo fisco.

– Para evitar essa e outras situações conflitantes, devem-se fixar os futuros valores da empresa como um dos critérios para o recrutamento e a seleção dos sócios e colaboradores. Independentemente dos diferencias entre os valores pessoais, todos precisam ser conscientizados da importância do alinhamento dos valores individuais com os da empresa – completa Irani.

– Convido todos a avançarem mais alguns passos na construção dos respectivos sonhos empreendedores, preparando, para a nossa próxima reunião, as declarações do negócio, missão, visão e valores que traduzam as intenções estratégicas de cada um em relação aos seus projetos empreendedores. Um forte abraço e até a próxima reunião! – encerra Reinaldo.

Como lidar
com oportunidades e
ameaças ao negócio

Ao iniciar mais uma reunião, Irani solicita a cada participante que apresente suas conclusões sobre a lição de casa proposta ao final da quarta reunião. Após muitas discussões e esclarecimentos, o professor inicia sua apresentação formulando uma pergunta desafiadora:

– Agora que todos já elaboraram suas intenções estratégicas, pergunto-lhes: elas poderão ser desenvolvidas? Pela minha experiência, acredito que vocês terão condições favoráveis e desfavoráveis para cumprir os desejos manifestados nas declarações do negócio, da missão, da visão e dos valores. As condições favoráveis são denominadas oportunidades, enquanto as desfavoráveis, ameaças. Uma oportunidade é um comportamento favorável de certas variáveis do cenário externo que influenciam positivamente cada negócio e ajudam no desenvolvimento de nossas intenções estratégicas. Ao contrário, uma ameaça significa o impacto negativo dessas variáveis, que poderão dificultar ou mesmo nos impedir de atingir nossos propósitos e realizar nossos sonhos. Como identificar as oportunidades e ameaças dos futuros negócios?

– A resposta a essa questão vocês vão encontrar nos resultados das pesquisas realizadas durante todas as fases, aqui discutidas, sobre o pilar Diagnosticar. Os resultados da avaliação da competitividade sistêmica e estrutural oferecerão os subsídios para que vocês possam identificar as variáveis que geram oportunidades e ameaças para cada empreendimento – esclarece Reinaldo. – Sun Tzu, um estrategista de renome, afirmava há três mil anos: "Concentre-se nos pontos fortes, reconheça as fraquezas, agarre as oportunidades e proteja-se contra as ameaças". Por exemplo, uma decisão governamental, como a redução de impostos, que impulsione de forma permanente seu negócio, pode ser considerada uma oportunidade. Já a perspectiva futura de alta do dólar pode provocar um aumento em seus custos e reduzir sua margem de lucro ou perda de competitividade, caracterizando-se como uma ameaça. Tendo como base essa explicação, sugiro que vocês preparem uma lista com as principiais oportunidades e ameaças de cada negócio. Ela será usada para identificar os fatores críticos de sucesso e os pontos fortes e fracos de cada projeto empreendedor.

– Realizar um bom diagnóstico é imprescindível para aferir o cenário futuro no qual desenvolveremos nossas atividades e avaliaremos possíveis benefícios e desvantagens ao participar de determinado segmento de negócios. O que fazer no confronto entre as oportunidades e ameaças com os pontos fortes e fracos de cada negócio, é o que Reinaldo poderá explicar melhor para vocês – diz Irani.

– Acredito ser prioritário que vocês entendam o significado dos pontos fortes e fracos de um negócio. Para tanto, será necessário realizar previamente um levantamento dos fatores críticos de sucesso – afirma Reinaldo.

– Mas o que são fatores críticos de sucesso? – pergunta Giovanna.

> *É uma condição fundamental para que o empreendedor possa aproveitar uma oportunidade em benefício de seu negócio ou minimizar o impacto negativo causado por uma ameaça. Ele deve ser a resposta à seguinte questão: O que devo fazer para posicionar meu negócio no cenário futuro diante de cada oportunidade ou ameaça constante da lista anteriormente proposta?*

– Vamos considerar, por exemplo, o crescimento da classe C, que hoje representa mais de 50% da população brasileira. Para uma parte significativa dos negócios, esse fenômeno (comportamento, tendência de uma variável) representa uma oportunidade de crescimento. O que uma empresa deve fazer para aproveitar essa oportunidade? A resposta a essa questão é um fator crítico de sucesso. Desenvolver produtos voltados para esse grupo, criar e implementar uma logística adequada para ter acesso a eles, muitas vezes localizada na periferia dos grandes centros urbanos etc., são alguns exemplos de fatores críticos de sucesso. – pontua Reinaldo.

– Vamos, agora, abordar um exemplo de ameaça: elevado grau de concentração de fornecedores (poucos e fortes) de matérias-primas ou mercadorias que, como já vimos anteriormente, detém um alto poder para impor suas condições de venda, como preço, prazo, cotas aos clientes. Se sua empresa é um cliente potencial desses fornecedores, para equilibrar as forças no processo de negociação será preciso associar-se com seus concorrentes em igual situação, por meio de uma central de compras, que aumentará seu poder de barganha e obterá melhores condições de aquisição. A construção dessa associação é um exemplo típico de fator crítico de sucesso – complementa Irani.

– Como utilizar os fatores críticos de sucesso na identificação dos pontos fortes e fracos do negócio? – questiona Alê.

– Para tanto, é preciso propor a seguinte questão: dado determinado fator crítico de sucesso, o empreendedor deve perguntar se ele já desenvolveu essa condição. Em caso positivo, esse fator passa a ser considerado um ponto forte da empresa. Se negativo, ele se transforma em um ponto fraco. No exemplo de fator crítico anteriormente citado – "desenvolver produtos voltados para essa classe C, criar e implementar uma logística adequada", se essas condições já foram atendidas ou conquistadas, então podemos afirmar que esses fatores são pontos fortes do projeto ou empreendimento. Caso contrário, eles revelam os pontos fracos – responde Reinaldo.

– Que tal agora elaborar uma lista dos fatores críticos de sucesso de cada empreendimento e seus respectivos pontos fortes e fracos? Caso os pontos fracos não sejam objeto de uma ou mais ações específicas definidas pelo empreendedor, eles vão dificultar ou até mesmo impedir que a missão e a visão desejadas se concretizem. Se o empreendedor não puder ou tiver grande dificuldade de minimizar os efeitos negativos dos pontos fracos, melhor seria ele reposicionar, parcial ou integralmente, o seu negócio – declara Irani.

– O objetivo é que vocês possam compreender a forte interação que existe entre missão e visão e as oportunidades, ameaças, fatores críticos de sucesso, pontos fortes e fracos de um negócio. O desafio é saber como combinar todos esses elementos, visando alcançar o sucesso em nossa aspiração empresarial. A junção de todos esses elementos nos levará a especificar como podemos aproveitar melhor as oportunidades e minimizar o impacto das ameaças identificadas, utilizando os pontos fortes do negócio. Também nos auxiliará a focar em quais pontos fracos devemos melhorar para reduzir os riscos do negócio – completa Reinaldo.

– Chegou o momento de definir como competir no segmento escolhido para implementar nosso empreendimento. Em outras palavras, definir a estratégia, isto é, os objetivos da empresa e como alcançá-los. Para tanto, devemos iniciar a próxima etapa escolhendo uma estratégia genérica, para cada segmento de negócio que pretendemos atuar. Significa determinar um objetivo geral a ser perseguido para competir em cada segmento – afirma Irani.

– Reinaldo, gostaria que você explicasse o que é um objetivo – solicita Rafa.

– Objetivos são os resultados que uma empresa pretende alcançar. Eles ajudam a estabelecer um ou mais caminhos a serem seguidos para cumprir sua missão e visão.

– É importante destacar também o conceito de estratégia genérica, termo cunhado por Potter em sua obra já citada, e que indica os tipos de objetivos estratégicos que um empreendedor pode escolher para seu negócio, a fim de se tornar competitivo nos segmentos em que pretende atuar. Elas determinam, em termos de produtos e mercados, como a empresa deverá se posicionar perante seus concorrentes, gerando alguma vantagem competitiva. Para Porter, o empreendedor pode adotar uma das três estratégias genéricas, especificadas a seguir, em seus empreendimentos. São escolhas para suplantar a atuação dos concorrentes em determinado setor econômico. Quando o empreendedor, depois de realizar o diagnóstico, decide por conveniência estratégica, ser um competidor de menor custo no setor em que pretende atuar, significa que escolheu uma estratégia de liderança de custo. Para tanto, busca ser altamente eficiente em suas atividades básicas de comprar, transformar e vender, e mantém seus custos sob rigoroso controle, visando a sua minimização. Esse posicionamento estratégico não significa vender produtos ou serviços de baixa qualidade, esclarece Irani.

– Ao contrário, eles devem ser iguais ou, preferencialmente, de qualidade superior aos dos concorrentes. Já uma empresa que adota uma estratégia de diferenciação tem como objetivo oferecer produtos distintos dos produtos dos concorrentes, com uma proposta de valor (atributos) superior ou única em sua oferta de produtos ou serviços e que seja altamente desejada e percebida por seus clientes potenciais. Esses atributos, escolhidos para caracterizar a estratégia de diferenciação, devem posicionar o negócio em um segmento distinto do de seus concorrentes e serem satisfatoriamente significativos para explicar um preço *"premium"* a ser pago pelos clientes – explica Irani.

– Como podemos criar essa proposta de valor diferenciada? – questiona Giovanna.

– A diferenciação na proposta de valor pode ser oferecida em termos de atributos de alta qualidade, desempenho ou desenho superior ou inovador, logística diferente etc. Mais adiante vamos comentar o conceito de inovação de valor que dará maiores subsídios para realizar essa tarefa – pontua Reinaldo.

– Professor, pela sua explicação, concluí que os tipos de estratégias apresentados – liderança de custos ou diferenciação – só são utilizados por grandes empresas. Mas nós vamos iniciar um negócio de pequeno ou micro porte. O que fazer? – indaga Mark.

– As estratégias de Porter até aqui desenvolvidas definem um posicionamento competitivo em uma extensa variedade de mercados, que caracterizam a atuação de grandes empresas em mercados de produtos padronizados, focados na produção em massa. Porém, atualmente, verifica-se uma convergência empresarial na segmentação dos mercados, evitando, dessa forma, a oferta em massa de produtos ou serviços iguais ou semelhantes. A proposta de Porter contempla essa tendência e também os pequenos negócios com uma estratégia denominada "enfoque". Com esse tipo de estratégia genérica, o empreendedor de uma empresa de pequeno porte busca um posicionamento estratégico focado em operar com baixo custo ou atuar com uma proposta de valor diferenciada, em um nicho de mercado mais limitado, geralmente ainda não atendido pelos concorrentes, diz Irani e continua:

– Agindo dessa forma, o empreendedor escolhe um ou mais segmentos de mercado e elimina outros nos quais a concorrência com as empresas de grande porte é mais acirrada. Estudos realizados pelo Sebrae indicam que essa estratégia pode ser de alto interesse para empresas de pequeno porte, devido ao fato de, geralmente, não atingirem um nível adequado de economias de escala, de conhecimento acumulado ou de recursos necessários para escolher uma das duas estratégias inicialmente apresentadas.

– Acredito que vocês queiram entender os conceitos de "economia de escala" e "curva de aprendizagem" apresentados pelo professor, bem como seus impactos nos custos (produtividade) de uma empresa – declara Reinaldo.

> Por "economias de escala" entende-se a produção e a comercialização de grandes volumes físicos de produtos ou serviços padronizados, objetivando minimizar o custo unitário e, com isso, praticar preços baixos, mantendo a rentabilidade desejada do negócio. A minimização do custo unitário decorre da automação e atualização tecnológica constante dos equipamentos e também da inovação de processos, produtos, serviços, marketing e organizacionais. Essas ações exigem elevado grau de investimento, conhecimento e risco nem sempre disponíveis nos pequenos empreendimentos.

> A denominada "curva de experiência ou aprendizado" é um fenômeno econômico decorrente do fato de os empregados de uma empresa conquistarem habilidades adicionais com o acúmulo de experiência através da repetição sistemática de tarefas altamente especializadas. Dessa forma, obtém-se um incremento na produtividade, isto é, fazer mais com menos, devido à redução das falhas na realização das tarefas dos trabalhadores e, consequentemente, a diminuição dos custos unitários.

Esse fenômeno é mais intenso nas fases iniciais de um negócio, o que evidencia sua importância para o desenvolvimento dos projetos.

– Há outro conceito muito importante para a reunião de hoje: a inovação de valor, que é um novo tipo de estratégia que complementa as três desenvolvidas por Porter. Sua aplicação, no longo prazo, produziu entre as empresas uma intensa batalha pela busca de clientes em mercados já existentes e consolidados. Adotando a estratégia de "baixo custo, baixo preço", transformaram seus produtos e serviços em *commodities* (muito semelhantes em preço e proposta de valor). A estratégia de inovação de valor, criada por Kim e Mauborgne, autores do livro *A estratégia do oceano azul*, anteriormente referido, propõe uma abordagem que propicia a possibilidade de o empreendedor atuar em espaços vazios de mercado, ainda não ocupado pelos atuais concorrentes, com uma proposta de valor que ao mesmo tempo busca intensamente custos e preços baixos, aliada a um elevado grau de diferenciação por meio da oferta de produtos ou serviços com atributos distintos dos atualmente ofertados, com alto valor agregado (benefícios). Como exemplo de empresas que adotaram esse tipo de estratégia no Brasil, podemos citar a Gol, a Natura e as Casas Bahia. Somam-se a elas centenas de milhares de pequenos negócios que combinaram de forma diferente os atributos (benefícios) entregues aos clientes através de seus produtos e serviços. Acredito que esse é o caminho mais apropriado para aumentar as chances de sucesso nas iniciativas de nossos candidatos a empreendedor – declara Irani.

– Como desenvolvemos uma estratégia baseada na inovação de valor? – quis saber Rose.

– Segundo a metodologia proposta por Kim e Mauborgne, devemos, em primeiro lugar, identificar os atributos ofertados atualmente pelos concorrentes, tais como preço, funcionalidades, serviços associados aos produtos etc. – explica Reinaldo. – Em seguida, para criar uma nova proposta de valor, devemos realizar as seguintes perguntas: Quais atributos dos produtos ou serviços, ofertados pelos concorrentes atuais, devem ser eliminados? Quais atributos devem ser reduzidos abaixo do padrão do setor? Quais atributos devem ser elevados acima do padrão médio praticado pelo setor? Quais são os atributos que o setor não oferece e que devemos criar por serem importantes para os clientes? Um dos exemplos utilizados pelos autores no livro *A estratégia do oceano azul* é o Cirque du Solei. O segmento de negócios circenses tradicional ofertava espetáculos com os atributos tradicionais focados em crianças, com a apresentação de grandes astros circenses, animais e desconto de preços para aquisição de entradas em grupo, vários picadeiros, concessões para venda de pipoca, refrigerantes etc. Os empreendedores criaram alguns atributos que não eram oferecidos pelos circos tradicionais, focando o público-alvo em adultos. Criaram, assim, um novo espaço de mercado inexplorado e tornaram irrelevante a concorrência.

– Uma vez escolhida a estratégia genérica que deverá nortear as ações da empresa, o empreendedor necessita de uma maior especificação de como vai desenvolvê-la com foco na concretização da missão e visão. É o momento de definir os objetivos estratégicos do negócio, que podem ser divididos em dois grandes grupos: financeiros e não financeiros. Os objetivos financeiros definem, por exemplo, os desejos do empreendedor relativos ao retorno desejado de seu investimento, denominado "taxa de retorno do investimento", entre outros. Ele exprime quanto o negócio deverá gerar de lucro final para o empreendedor em relação aos recursos financeiros aplicados no desenvolvimento das atividades da empresa. Por exemplo, uma taxa de retorno de 20% significa que o empreendedor deseja um lucro de R$ 20 para cada R$ 100 investidos. Assim, se ele investiu R$ 100 mil espera que o negócio gere um lucro final mínimo, por ano, de R$ 20 mil provenientes da comercialização dos produtos ou serviços ofertados por sua empresa.

– Reinaldo, qual é a principal fonte de informações para a definição dos objetivos estratégicos não financeiros? – quis saber Ale.

– A melhor fonte de inspiração para a definição de objetivos financeiros e não financeiros é a lista de fatores críticos de sucesso que solicitei anteriormente. Tomarei como exemplo um fator crítico já citado, a oportunidade de negócio com foco na classe C. O exemplo indica um fator crítico que é "desenvolver produtos voltados para essa classe, criar e implementar uma logística adequada para ter acesso a esse grupo de pessoas". O primeiro objetivo precisa especificar que o empreendedor deverá criar "produtos ou serviços para atender às necessidades das pessoas inseridas nessa categoria econômica". O segundo deve definir a necessidade de a empresa desenvolver uma logística específica para ter acesso a esse público-alvo. No primeiro exemplo, o empreendedor, depois de fixar os objetivos financeiros, deve se preocupar com os objetivos não financeiros voltados para o atendimento das necessidades de seus clientes, caso contrário não vai conseguir vender seus produtos, mercadorias ou serviços e, consequentemente, não alcançará o lucro desejado. Para o segundo objetivo, o empreendedor deve focar nos processos internos, nos quais a empresa deve ter uma atuação altamente eficiente. Compreendam que existe uma relação de causa e efeito nos exemplos citados. O efeito final é atender às necessidades dos clientes (produtos ou serviços), causado pelo desenvolvimento de processos (atividades) eficientes (logística), que resultará em geração de lucros (taxa de retorno) para o empreendedor. Para completar essa cadeia de causa-efeito, temos de nos preocupar com os recursos necessários para dar suporte às atividades organizadas nos processos estratégicos. Elas não acontecem por acaso. As atividades são realizadas com o suporte de recursos materiais, físicos, humanos, tecnológicos, informacionais e financeiros, que devem ser objeto da fixação de metas específicas. Tomando como exemplo o grupo dos recursos humanos, podemos ter como objetivo "definir um conjunto de competências necessárias (conhecimentos + habilidades + atitudes) para que as pessoas exerçam suas atividades e inovem com eficiência". Esse objetivo vai direcionar as atividades de recrutamento, seleção, treinamento dos futuros colaboradores da empresa. Resumindo, o empreendedor deve fixar, em média, dois ou três objetivos estratégicos para cada uma das quatro grandes dimensões de resultados: financeira, clientes, processos internos e recursos, visando indicar a direção a ser seguida por todos na empresa para o desenvolvimento da missão e da visão – diz Reinaldo.

– Muitas informações nesta reunião, não é mesmo? Pessoal, a jornada da transformação do sonho empreendedor ainda não terminou. Temos que dar mais alguns passos importantes. Os objetivos estratégicos devem ser completados com indicadores, metas e ações estratégicas. Os indicadores servem para medir se os resultados incluídos nos objetivos estão sendo alcançados. Vamos tomar como exemplo o objetivo financeiro relativo à "taxa de retorno do investimento" – declara Irani.

Continuando com a explicação, Irani:

– Conforme o exemplo dado, vamos admitir que o empreendedor tenha fixado como objetivo estratégico obter uma taxa de retorno anual de 20%. A taxa de retorno é um indicador que exprime a relação entre os lucros gerados e os investimentos realizados. No exemplo dado, o negócio deverá gerar um lucro anual final de R$ 20 mil. Uma parcela desse valor é gerada, em média, a cada mês do ano e deve ser objeto de acompanhamento mensal para saber se realmente o negócio está proporcionando esse resultado que o empreendedor espera. Quando os resultados estão abaixo dos previamente estabelecidos como meta, o empreendedor deve avaliar os motivos. Isso significa, nesse caso, que ele deve perguntar por que as receitas ou os custos reais não estão se comportando dentro dessa meta. Uma possível resposta a essa indagação é que a falta de motivação da equipe de vendas, devido à insatisfação com o nível salarial, tem gerado um grau de faturamento abaixo do esperado. Essa constatação fará com que sejam tomadas medidas corretivas sobre as causas dos desvios encontrados nos resultados. No caso, o empreendedor terá de implementar uma série de ações para configurar um novo sistema que proporcione o aumento na remuneração dos vendedores e, dessa forma, eleve o grau de motivação deles.

– Nessas duas últimas reuniões, abordamos a importância do desenvolvimento do pilar Sonhar para a efetivação de seus projetos empreendedores. Agora, é o momento de vocês colocarem em prática todos os passos aqui discutidos. Por isso, peço que apresentem um esboço do plano estratégico de cada negócio, com as declarações de negócio, missão, visão e valores, as oportunidades e ameaças do cenário futuro, os fatores críticos para aproveitar as oportunidades e minimizar os efeitos das ameaças, a identificação dos pontos fortes e fracos, a estratégia genérica escolhida, os objetivos estratégicos, seus indicadores, metas e ações. Até a próxima reunião!
– finaliza Reinaldo.

Como elaborar
um plano de negócio viável

Ao iniciar a reunião, Reinaldo e Irani informam aos participantes que vão abordar agora o terceiro pilar da **Metodologia DSOP** – Orçar.

– Orçar é determinar, em linhas gerais, quanto vai custar a realização do sonho ou da ideia de um novo negócio ou projeto – inicia Irani. – Para tanto, o empreendedor necessita realizar um planejamento para desenvolver o novo negócio ou projeto idealizado. O resultado desse planejamento é denominado plano de negócio, que deve especificar "o que", "como", "quando" e a "que custo" será implementada a oportunidade escolhida pelo potencial empreendedor.

– Para ajudá-los a construir esses elementos, vamos desenvolver duas abordagens, uma tradicional e outra mais moderna – declara Reinaldo. – Na primeira, vamos debater com vocês quais são os fundamentos de um plano de negócio clássico. Na segunda abordagem, vamos discutir uma metodologia de planejamento denominada modelo de negócio. Mas antes disso, gostaríamos de saber como foi a experiência de cada um na transformação do sonho em um plano de ações estratégicas necessárias para alcançá-lo.

Após o questionamento de Reinaldo, cada participante expôs o resultado do trabalho solicitado, apresentando suas principais dúvidas, que foram esclarecidas. É possível perceber que não foi uma tarefa fácil elaborar o plano de ações estratégicas, nem poderia ser diferente. Claro que não se trata de uma obra acabada, pois cada plano deverá passar por inúmeras revisões e modificações visando adequá-lo à luz de cada novo conhecimento ou circunstância.

O valor real da criação de um plano de negócios está no processo de pesquisar o negócio e pensar sobre ele. O ato de planejar ajuda a refletir sobre diversos aspectos da futura empresa. Leva tempo, mas talvez impeça a ocorrência de erros mais tarde. O processo de criar e escrever um plano de negócios é tão valioso quanto o resultado final em si – um documento que vai fornecer o contexto, a prioridade e a lucidez de como iniciar o negócio. O público mais importante de um plano de negócios é o próprio empreendedor, embora ele também possa ser utilizado como ferramenta para disseminar interesse entre os potenciais financiadores, colaboradores e parceiros estratégicos.

– Fico feliz em ver que não tivemos nenhuma desistência. Tenho percebido a firmeza e o entusiasmo de vocês. O sonho está se tornando realidade, podem acreditar! – incentiva Reinaldo.

– Bem, vamos iniciar o tema de hoje. Orçar está fundamentado na elaboração do plano de negócio. Sua preparação baseia-se em uma ampla gama de conhecimentos de várias disciplinas de negócios: finanças, gestão de recursos humanos, gestão da propriedade intelectual, gestão da cadeia de suprimentos, gestão de operações e *marketing*, entre outros.

– Por que precisamos de um plano de negócio, Irani? – quis saber Alê.

– A única pessoa que não precisa de um plano de negócio é aquela que não pretende empreender. Quem está iniciando um novo empreendimento ou ampliando um já existente deve dedicar um bom tempo para elaborar algum tipo de plano. Aconselho a não se desesperarem para ter um plano de negócio formal completo, pelo menos não no início. Fazer apenas o suficiente (não mais que dez páginas) para reduzir a incerteza e orientar seu arranque inicial, seguindo, de forma simples e objetiva, o roteiro para sua elaboração, o qual será apresentado a seguir. Um formato de plano de negócio "fácil de ler rapidamente" é muito importante. Meu melhor conselho para vocês é mantê-lo simples. Não confunda seu plano de negócio com uma tese de doutorado.

> **Um bom plano de negócio deve demonstrar que você tem feito a lição de casa para ser um especialista em seu negócio e o que é necessário para construir um empreendimento de sucesso.**

– Trata-se de uma ferramenta para compreender como sua empresa vai funcionar. Você pode usar o plano de negócio para monitorar o progresso de seus objetivos e metas e controlar o destino do seu empreendimento. Representa também uma ferramenta de recrutamento para cortejar os futuros funcionários-chave e investidores. Escrever o plano de negócio obriga você a revisar tudo de uma só vez: sua proposta de valor, os pressupostos de *marketing*, o plano de operações, o plano financeiro e o plano de recursos humanos, entre outros. Você vai estabelecer conexões que de outra forma teria perdido. O plano estabelece metas em todas as grandes áreas: estratégia, *marketing*, finanças, operação, colaboradores etc. Uma vez estabelecidas, as metas tornam-se alvos a serem perseguidos por todos os envolvidos no desenvolvimento do negócio.

– Caros Irani e Reinaldo, seria possível vocês apresentarem um rumo prático para a elaboração do plano de negócios? – solicita Mark.

– Claro que sim – responde – Reinaldo e eu vamos apresentar um conjunto de perguntas que vão servir, em linhas gerais, de roteiro para sua elaboração. A primeira é: Qual é a sua ideia? Em termos simples, claros e diretos, é a ideia do negócio que cada participante pretende implantar. Sua descrição deve destacar as qualidades que distinguem a ideia. A resposta a essa pergunta é baseada na declaração do negócio elaborada no desenvolvimento do pilar Sonhar. O empreendedor deve declarar o que quer e que solução pretende desenvolver para atender às necessidades de um grupo significativo de consumidores. Isso é muito importante. A frase descritiva do negócio deveria seguir, mais ou menos, o seguinte formato: "É basicamente especificar se é produção de um produto (indústria), prestação de serviço (serviço) ou venda de mercadorias (comércio) que oferece soluções para atender as necessidades dos clientes". Uma indústria farmacêutica definiu seu negócio da seguinte forma: "É basicamente um negócio de fabricação de ingredientes essenciais para as empresas farmacêuticas, a um custo mais baixo do que a média". A descrição deve destacar as qualidades que distinguem a ideia. No exemplo dado, é a capacidade de produzir os ingredientes por um baixo custo. Após a definição da ideia, o empreendedor deve focar nas seguintes questões: Como a ideia vai atender a uma ou mais necessidades ou ajudar a resolver um problema de um grupo de potenciais clientes? O que seus potenciais clientes esperam de seu produto ou serviço, e como? Por que sua ideia é uma boa ou a melhor solução para lidar com essa necessidade?

– Muito bem, Irani – diz Reinaldo. – As respostas a essas questões permitem ao empreendedor começar a explorar o verdadeiro potencial de sua nova ideia. Cada plano deve começar com a especificação do problema ou necessidade que você está propondo resolver. No setor em que desejamos atuar, podem coexistir clientes que "desejam" e os que têm uma "necessidade". Para estes, a demanda (por alimentos básicos, moradia transporte etc.) é preexistente e geralmente reprimida. Divulgar sua disponibilidade no mercado é basicamente o que o empreendedor necessita para catalisar as vendas para seu negócio, exigindo poucos investimentos e *marketing*. Quando o empreendedor foca sua atuação em um mercado com clientes que "desejam" (produtos ou serviços supérfluos: joias, vídeogames, alimentos *gourmet* etc.), ele deve ofertar seu produto por meio de uma estratégia de *marketing* agressiva, que vise conquistá-lo, exigindo recursos substanciais em sua implementação. Uma empresa de tecnologia de informação criou e desenvolveu uma solução para a necessidade de eliminar os manuais, o trabalho intensivo e os sistemas complexos de gestão de estoque – "um *software* flexível, compacto, robusto e de baixo custo, utilizando o celular para a gestão de inventário".

E assim, percebendo que os futuros empreendedores estão cada vez mais interessados, Reinaldo continua:

– Outra questão relevante que deve ser respondida pelo empreendedor para compor as informações do plano de negócio é a seguinte: Qual é seu modelo de negócio? Um modelo de negócios descreve a lógica de como uma empresa cria, entrega e captura o valor de seu negócio. Em outras palavras, especifica como o empreendedor vai ganhar dinheiro com sua ideia. Apresento dois exemplos: um modelo de negócio de restaurante é ganhar dinheiro criando, entregando e cobrando pela comida servida aos clientes. Um modelo de negócios de um *site* na internet pode ser ganhar dinheiro fornecendo um serviço gratuito e, em seguida, vender publicidade para outras empresas, enquanto outros podem vender um produto ou serviço diretamente para os clientes *on-line*. Na prática, o modelo de negócio é o termo usado para uma ampla gama de descrições formais e informais para representar aspectos centrais de um empreendimento, incluindo objetivo, ofertas, estratégias, infraestrutura, estruturas organizacionais, práticas comerciais, processos operacionais e políticas. Ele especifica a maneira pela qual o negócio agrega valor aos clientes, como é possível atraí-los e converter esse valor em lucro. Reflete, assim, a proposição do empreendedor sobre o que e como os clientes querem e de que forma sua futura empresa pode se organizar para melhor atender às suas necessidades ou resolver algum problema. Devido a sua importância, vamos desenvolver, no próximo tópico, a estrutura de um modelo de negócios mais detalhadamente.

– A próxima questão que deve ser respondida para compor o texto do plano de negócio é esta: Como seu produto ou serviço se diferencia do produto ou serviço de seus futuros concorrentes? – declara Irani. – Nessa questão, não se deseja como resposta a especificação detalhada do produto ou serviço, mas uma explicação de como e por que ele funciona, incluindo os benefícios aos clientes potenciais. Fuja do jargão técnico. Não superestime suas diferenças. Escolha aquelas que você pode realmente provar e comprovar. Pode ser uma distinção simples, mas suficiente para criar um impacto positivo na mente do cliente. Além disso, lembre-se de que as diferenças não devem ser baseadas em vantagens tecnológicas complicadas ou em algum misterioso "molho secreto". Muitas vezes, a diferença decorre de simplesmente executar melhor o que seus concorrentes oferecem. O conceito de "Ciclo da experiência de compra", apresentado pelo dr. W. Chan Kim e sua parceira Renée Mauborgne em *A estratégia do oceano azul*, serve para a identificação das tarefas a serem realizadas pelos clientes na aquisição de um produto ou serviço, definidas na seguinte ordem lógica: pesquisa, compra, entrega, uso, suplementos, manutenção, descarte e avaliação. Cada etapa desse ciclo deve ser utilizada para explicar as diferenças de suas ofertas em relação aos produtos e serviços dos concorrentes, de forma resumida. Por exemplo, a principal diferença de seu ciclo pode ser a etapa de "pesquisa". Se para adquirir os produtos ou serviços da concorrência o cliente deve ir ao local da aquisição e você oferece uma ferramenta na internet para que ele tenha acesso ao produto, você vai proporcionar uma facilidade que pode atrair os clientes de seus concorrentes. Se, nessa mesma ferramenta, for possível o cliente realizar a aquisição do produto, você vai oferecer mais um diferencial para atrair clientes para o seu negócio.

– A próxima questão – diz Reinaldo – é: Qual é o segmento de mercado em que pretende comercializar seus produtos ou serviços e qual o tamanho dele e a taxa futura de crescimento? Especificar o segmento de mercado no plano de negócio significa escolher para quem você pretende vender seus produtos ou serviços. O processo de segmentação de mercado envolve a divisão ou agregação de subconjuntos de consumidores em um amplo mercado-alvo, em que há necessidades comuns e/ou desejos comuns, bem como aplicações semelhantes para os bens e serviços relevantes. Dependendo das características específicas do produto ou serviço, existem diversas formas de segmentar um mercado potencial por sexo, renda, classe social, idade, localização geográfica etc. Por exemplo: você pode escolher ofertar seus produtos ou serviços para pessoas idosas, acima de 65 anos, e da classe social C. O próximo passo é apurar quantas pessoas se enquadram nesses critérios pesquisando na base de dados do Instituto Brasileiro de Geografia e Estatística (IBGE), disponível no site desse órgão. Na pesquisa é importante determinar qual a taxa de crescimento desse segmento nos últimos cinco anos. Campanhas de *marketing* e estratégias de diferenciação podem ser concebidas e implementadas para atingir esses segmentos específicos de clientes e atender às suas necessidades ou desejos. Esse modelo de atuação proporciona uma vantagem comercial devido à combinação mais eficaz entre o cliente-alvo e o produto ou serviço.

– Reinaldo, como podemos identificar um segmento ou nicho de mercado interessante para nossos propósitos empreendedores? – quis saber Giovanna.

– Um segmento de mercado interessante é aquele que satisfaz os seguintes critérios: suficientemente grande e homogêneo para proporcionar lucro, suficientemente estável e acessível aos potenciais clientes através de promoção da empresa e canais de distribuição. Um nicho de mercado é um grupo de clientes mais restrito dentro de determinado segmento, que procura um conjunto distinto de benefícios ou atributos. São identificados a partir da divisão de um segmento em subsegmentos com um conjunto distinto e único de necessidades, que requer especialização na oferta de produtos e serviços e tem poucas possibilidades de atrair muitos concorrentes, especialmente os de grande porte. Por exemplo, uma empresa de calçados esportivos (segmento) pode ter nichos de mercado para jogadores de basquete e corredores de longa distância. Recomendo ao empreendedor que, no início de qualquer negócio, identifique um nicho específico para o lançamento do produto ou serviço ligado a seu tipo de negócio.

– Outra questão importante a ser proposta é a seguinte: Qual será o papel do empreendedor no negócio? E o de seus colaboradores? – provoca Reinaldo. – Essa questão faz com que o empreendedor compare suas competências com aquelas que são importantes e estratégicas para o desenvolvimento de seu futuro empreendimento. Com essa comparação você vai descobrir as competências que devem ser atendidas através da contratação de pessoas para formar sua equipe de trabalho ou sócio(s).

Faça uma lista de deveres e responsabilidades. Lembre-se, é muito comum tornar-se oprimido pelo acúmulo de trabalho não realizado. Ao escrever a descrição de seu trabalho, você pode se libertar de certas obrigações que não representam o melhor uso de seu tempo. Seja fiel a si mesmo. Sua empresa vai sofrer se você assumir papéis dos quais não gosta ou não quer, bem como aquelas que não se encaixam em seus interesses e suas habilidades.

– Nessas circunstâncias, o melhor a fazer é procurar um sócio que esteja preparado para assumir parte de seu trabalho – explica Reinaldo. – Geralmente, uma sociedade é vista como uma parceria na qual ocorre uma divisão de tarefas entre os sócios. Estes devem estar alinhados com seus valores e expectativas em relação ao negócio, visando minimizar futuros conflitos, que são inevitáveis.

– Professor, é conveniente convidar parente para ser sócio? – pergunta Mark.

– Essa é uma questão muito delicada porque, caso a sociedade com um parente não dê certo, será difícil resolver sua saída do negócio, já que envolve questões emocionais. Se estas puderem ser convenientemente tratadas, nada poderá impedir esse tipo de sociedade. Ter como sócio um parente é muito comum, uma vez que os familiares são os que comumente apoiam o negócio em sua fase inicial, inclusive aportando recursos financeiros e torcendo para que a empresa tenha sucesso. Algumas (poucas) sociedades com parentes são bem-sucedidas, mas a maioria conta histórias de fracassos estrondosos.

Nas primeiras, encontramos certos fatores que contribuíram para o sucesso societário, tais como alinhamentos de competências complementares entre os sócios, experiência na atividade, semelhança de propósitos e valores, anterior relação pessoal saudável entre os sócios, repartição conveniente de funções e responsabilidades, realismo em relação aos objetivos do negócio, atitude de cooperação, elevado grau de competência em negociação, adequada sintonia de pensamento, postura empreendedora e visão comum do negócio.

Nos casos de insucesso societário, podemos também citar alguns fatores comuns: arrogância, egos exacerbados, repartição deficiente de funções e responsabilidades entre os sócios, relação anterior deteriorada e não devidamente resolvida etc. Muitas vezes é preferível a contratação de pessoas de fora da família como funcionários ou colaboradores que ofereça participação nos resultados sem, contudo, formalizar uma sociedade. Será muito mais fácil resolver uma situação em que um funcionário deverá ser despedido por não cumprir as funções de seu cargo ou não produzir os resultados esperados pelo empreendedor.

– Esse é o momento de pensar sobre os membros de sua equipe. Um dos fatores-chave que vai diferenciar sua empresa da concorrência são as pessoas que você vai escolher para trabalhar. Seu sucesso depende, em grande parte, delas. O plano de negócio é o lugar certo para especificar sua área de atuação. Talvez você tenha uma grande ideia de negócio a ser desenvolvido em um mercado desconhecido. Se esse for o caso, contrate alguém que tenha experiência nesse mercado. Talvez você não possua conhecimentos profundos ou não goste das atividades administrativas e financeiras, então procure algum profissional para assumir essas importantes responsabilidades. O sucesso de seu negócio dependerá fortemente das escolhas que você realizar. Selecionar os colaboradores certos é uma das principais competências de um empreendedor – declara Reinaldo.

– Mais alguma questão importante que devemos saber, professor Irani? – indaga Rose.

– Sim, Rose, temos mais algumas. Outra delas é: Como os clientes vão adquirir seus produtos ou serviços ofertados pelo seu negócio e quanto estarão dispostos a pagar por eles? A distribuição dos produtos ou serviços é um dos quatro elementos do *mix* de *marketing*. É a maneira de disponibilizá-los para uso ou consumo por um usuário, utilizando meios ou canais diretos ou indiretos como intermediários. A distribuição dos produtos é feita por meio de canais – conjuntos de organizações interdependentes (chamados intermediários) envolvidos na disponibilização do produto ou serviço para consumo ou utilização. A definição de uma estratégia de canal de distribuição se apresenta com muita eficácia na construção de vantagem competitiva para um negócio, pois, através dela, será possível concorrer velozmente nos mercados e com maior eficácia, fazendo com que o cliente seja atendido segundo seus desejos e padrões de qualidade. Essa estratégia deverá perseguir o objetivo de ter o maior controle possível sobre a experiência de compra do cliente, até o limite dos custos admissíveis para desenvolvê-la.

– Nesse ponto de seu plano de negócio, descreva em detalhes por quais meios ou canais você pretende distribuir seu produto ou serviço para o mercado. Essa descrição inclui como você vai produzir seu produto ou prestar um serviço e como você vai entregá-lo por meio de canais de distribuição apropriados – declara Reinaldo. Será que vai ser vendido através da internet ou de loja própria localizada em um *shopping* center? Basta lembrar que você deve ter um plano bem definido e exequível, a fim de pôr, convenientemente, o que você está vendendo à disposição de seus futuros clientes – continua ele.

– Quais são os tipos de canais de distribuição, Reinaldo? – pergunta Mark.

– Basicamente, temos dois tipos de canais de distribuição: o atacadista e o varejista. O atacadista adquire grandes lotes de produtos e depois divide seus estoques em lotes menores para fornecê-los aos varejistas. Esses são utilizados quando o produtor comercializa seus produtos diretamente com um intermediário, que por sua vez os revende aos consumidores finais.

– No comércio, temos dois tipos de varejo: o varejo de autosserviço, utilizado pelos supermercados, drogarias etc., e o varejo de autosseleção, no qual o consumidor realiza sua compra com o auxílio do balconista e efetua o pagamento no caixa – declara Irani. Finalmente, há o chamado canal direto de vendas que, como o próprio nome já diz, não tem intermediários. Uma loja de fábrica exemplifica essa modalidade de distribuição.

– Que fatores devem ser considerados na escolha do melhor canal de distribuição, Reinaldo? – pergunta Rose.

– Pela minha experiência como empresário, sugiro que sejam observados os seguintes fatores: a natureza do produto ou serviço, o mercado, as características do negócio e os aspectos legais. Produtos ou serviços técnicos, geralmente, são vendidos por distribuidores especializados ou agentes. Uma abordagem de distribuição direta, muitas vezes, funciona melhor para um produto em que o consumidor final queira ter uma experiência de compra personalizada. Em alguns casos, é essencial que os distribuidores escolhidos (por exemplo, lojas de conveniência, lojas especializadas) sejam adequados e relevantes para a imagem do produto ou serviço que o empreendedor deseja comunicar a seus potenciais clientes.

> O fator "mercado" nos leva a refletir sobre a escolha do canal em função de seu tamanho e grau de dispersão geográfica do mercado-alvo, incluindo vendas no exterior, bem como a localização dos concorrentes e fornecedores. Desejamos estar mais próximos dos nossos clientes ou dos nossos fornecedores? Devemos também levar em consideração quais são os canais utilizados pelos concorrentes .

– Quanto ao fator "características do negócio", temos de considerar o tamanho e escopo do negócio, seus objetivos de *marketing*, o grau de controle sobre o processo de distribuição necessário para atender os intermediários ou consumidores finais com eficácia. Por último, é preciso considerar os aspectos legais relacionados com a distribuição dos produtos e serviços para identificar eventuais restrições legais em sua comercialização. Esses aspectos devem ser observados e cumpridos pelos intermediários para não gerar sanções fiscais para o produtor – diz Reinaldo.

– A segunda parte da questão-chave em análise é ter uma resposta apropriada sobre o preço de comercialização de seus produtos ou serviços. A resposta a essa questão é um componente crítico de sucesso. Precificar muito alto sua oferta fará com que ninguém adquira seu produto ou serviço. Caso seja fixado um preço muito baixo, você provavelmente não será capaz de obter lucro de suas vendas – completa Irani.

– Reinaldo, quais são as formas mais utilizadas para precificar produtos ou serviços? – indaga Alê.

> Existem três principais abordagens que uma empresa pode utilizar para a fixação de preços: preço baseado em custos, preço baseado no cliente e preço baseado no concorrente. Quando é baseado em custos, o preço é determinado pela adição de um elemento de lucro em cima do custo total do produto ou serviço. Quando é baseado no cliente, o preço é determinado pelo que a empresa acredita que o cliente está disposto a pagar por seus produtos ou serviços. Quando é baseado no concorrente, o preço do concorrente é a principal referência e influência sobre o conjunto de preços a serem praticados pela empresa.

– Tenham em mente que as melhores estratégias de preços são flexíveis e permitem que a empresa responda às mudanças na oferta e na demanda, à entrada de um novo concorrente, às mudanças na tecnologia etc. Elas devem ser constantemente avaliadas e testadas para garantir que a empresa maximize o retorno sobre seus investimentos, enquanto atende a uma variedade de outros objetivos e necessidades.

Percebendo que todos entendem este tópico, Reinaldo e Irani continuam:

– Vamos tratar da próxima questão, também muito importante: Quanto dinheiro você precisa para viabilizar seu projeto de negócio? Agora é a hora de começar a meditar sobre os aspectos financeiros do negócio – declara Irani. Os dois ingredientes fundamentais aqui são os investimentos mínimos necessários para transformar sua ideia em um negócio viável e operacional e o fluxo de caixa (entradas e saídas de dinheiro) que o negócio vai gerar – continua ele.

– Você deve começar dimensionando quanto vai gastar em instalações (seja ela uma loja de varejo, seja um escritório em casa), desenvolvimento de produtos, viagens, despesas legais, estoque, material de escritório, *marketing* e salários para seus funcionários. Estou falando do orçamento de investimento dentro do pilar Orçar. Esse orçamento deve ser desmembrado em dois grandes blocos financeiros. O primeiro vai dimensionar todos os recursos financeiros necessários para iniciar o negócio: máquinas, equipamentos, espaço físico, instalações etc., os quais são chamados de ativos fixos, bem como os custos pré-operacionais: despesas legais para a formalização do negócio, custos da decoração etc. O segundo bloco financeiro vai dimensionar o montante de capital de giro necessário para financiar as operações do dia a dia do negócio, ou seja, seus ativos correntes: formação e manutenção de estoques de matéria-prima, mercadorias, produtos acabados, vendas a crédito e dinheiro em caixa – conclui Irani.

– Se uma empresa tem a maioria de seus ativos correntes em forma de estoques de produto acabado, ele precisa ser vendido para se transformar em dinheiro no caixa da empresa – explica Reinaldo. – Se as vendas desse estoque forem a prazo, somente após o recebimento desses valores é que eles se convertem em dinheiro. Esses recursos financeiros são essenciais para que a empresa atenda suas necessidades operacionais contínuas. A disponibilidade de capital de giro tem influência sobre a capacidade de sua empresa para operacionalizar seu negócio, atender as obrigações (despesas) de curto prazo e ser financeiramente viável.

– Por último, é essencial que o empreendedor realize a projeção do fluxo de caixa para, no mínimo, doze meses. Ele servirá para estimar as entradas de caixa provenientes das vendas à vista ou a crédito, as despesas que representam as saídas de caixa para o pagamento de salários, impostos, aquisição de matéria-prima, mercadorias, despesas de investimento, aluguel, contas de luz, água e telefonia etc. Essa ferramenta nos dirá se a empresa está gerando lucro na forma de sobras de caixa com o seguinte cálculo: subtraem-se as saídas (pagamento das despesas) das entradas de caixa (receita de vendas). Essa é uma forma básica da análise do orçamento do fluxo de caixa para saber se você vai precisar de capital adicional e quando, a fim de manter o negócio atuante – defende Reinaldo.

– Dada a importância e complexidade dessas questões financeiras, aconselho-os a procurar alguma agência do sistema Sebrae para contar com o suporte em sua elaboração ou um consultor financeiro – declara Irani.

– Qual é a próxima questão, professor? – questiona Giovanna.

– Após a definição do montante de financiamento necessário para financiar os investimos em ativos fixos e capital de giro, é chegado o momento de o empreendedor responder à seguinte questão: Qual é a parcela do investimento que terei condições de bancar? É óbvio que o empreendedor deve aportar com recursos próprios, em média, no mínimo 60% do investimento inicial de seu negócio, visando reduzir o risco e os custos de empréstimos. Caso vocês ainda não tenham esse montante de recursos, deverão adotar uma combinação adequada das seguintes estratégias: reduzir o tamanho inicial do negócio ou poupar (vamos discutir esse assunto na apresentação do pilar Poupar da **Metodologia DSOP**). Para completar o volume de recursos não cobertos com recursos próprios, o empreendedor deve ter o apoio de terceiros para atender a essa necessidade. Inicialmente, é normal contar com os familiares e amigos para atingir esse objetivo. Caso adote essa modalidade de financiamento, você terá de planejar essa operação com muita cautela e entender que o futuro do relacionamento pode depender do sucesso ou fracasso de seu empreendimento. É aconselhável que esses recursos sejam considerados como empréstimos que serão resgatados com os futuros lucros gerados pelo negócio, aplicando os conhecimentos que posteriormente discutiremos no pilar Poupar.

– Ao transformar a família e os amigos em parceiros para iniciar um negócio, pelo menos você estará em boa companhia. É importante que, desde o início da parceria, você apresente claramente sua ideia de negócio, deixe explícito que o apoio financeiro é um empréstimo, crie e mostre um plano de reembolso realista, ofereça garantias reais e formalize o aporte de dinheiro por meio de um contrato. Essas são as medidas corretas mínimas para proteger seus relacionamentos familiares e de amizade. Fique longe dessa modalidade de financiamento se não puder contar com um plano de pagamento viável. Quando esse tipo de financiamento for considerado um investimento ao invés de empréstimo, o empreendedor deve oferecer parte de sua participação no negócio (cotas ou ações) a seus amigos, parentes ou qualquer outra pessoa com quem deseje ter uma relação societária na condição de sócio capitalista – declara Reinaldo.

É neste contexto que aparece a figura do "investidor-anjo", uma pessoa física que investe seu dinheiro em uma empresa empreendedora. São indivíduos que buscam um retorno superior aos seus investimentos. Nessa categoria de investidores, podem ser incluídos profissionais como médicos e advogados, parceiros de negócios, tais como executivos, fornecedores, clientes, funcionários e até mesmo outros empreendedores.

– Eles, geralmente, estão dispostos a aceitar riscos e ter algum controle sobre as decisões do empreendedor para ter a chance de possuir um pedaço de um negócio que poderá ser valioso um dia. Na maioria dos casos, os investidores-anjos já sabem quem é você. Essa condição é importante não só porque eles precisam confiar em você e no seu negócio para assumir um risco em relação à sua empresa, mas também porque simplesmente adoram estar no meio empresarial. Muitos gostam de atuar como mentores, auxiliando o empreendedor na gestão do negócio e abrindo as portas junto a fornecedores, clientes, bancos etc.

– Acho ótima essa questão de investidor-anjo. Como conquistar o apoio de um, professor? – indaga Mark.

– Para isso é fundamental a apresentação do plano de negócio para que ele possa avaliar o potencial de retorno e de risco que estará assumindo. Se você não for capaz de despertar o interesse nos cinco minutos iniciais do primeiro contato (presencial ou virtual) com um investidor-anjo, expondo qual é o seu negócio e como ele ganhará dinheiro associando-se a você, não perca seu tempo na busca desse tipo de investidor.

– Existem outras fontes de recursos, além do investidor-anjo, Reinaldo? – pergunta Rose.

– Sim. Conseguir carência, parcelamentos ou descontos para pagamento de seus fornecedores ou obter dos futuros clientes um adiantamento de dinheiro por conta de futuras vendas pré-contratadas. Depois de muitos dias de estresse e noites sem dormir, seu negócio vai se tornar, finalmente, uma realidade. Agora, o empreendedor se depara com a grande questão a ser respondida e incluída no plano de negócio: Como medir o grau de sucesso do negócio?

– E como podemos avaliar se nosso negócio está no caminho certo para obter sucesso, professor? – questiona, ansioso, Rafa.

– Apresentaremos seis maneiras simples de avaliar: lucratividade, retorno do investimento, crescimento da base de clientes, nível de satisfação do cliente e dos funcionários e equilíbrio do fluxo de caixa. A forma mais comum e importante de saber se o negócio está dando certo é medir periodicamente se o empreendimento está gerando lucro, isto é, se há dinheiro sobrando depois de pagar suas despesas operacionais mensais. No entanto, se o resultado final é sempre deficitário, suas chances de sucesso começam a diminuir. É importante o empreendedor ter uma medida relativa do potencial de lucro do negócio. Para atender a esse desejo, é necessário comparar o lucro gerado com os investimentos realizados. Essa relação é denominada rentabilidade do capital investido. Expressa em porcentagem, ela revela se estamos tendo um retorno compatível com o esforço do empreendedor e o risco do negócio.

Se, por exemplo, vocês estão tendo um percentual de 20%, significa que cada R$ 100 investidos proporcionam um retorno de R$ 20. Essa taxa é interessante? A resposta a esta questão vai depender da comparação com alternativas de aplicação de capital no mercado financeiro. Caso outros investimentos ofereçam uma taxa de retorno superior, então podemos concluir que o negócio deve ser objeto de ampla análise para decidir a viabilidade de sua continuidade – diz Irani.

– Além da lucratividade e da rentabilidade, o aumento constante da base de clientes é um sinal claro de que você está efetivamente alcançando seu mercado-alvo. Sem uma base de clientes crescente, seu sucesso será limitado, na melhor das hipóteses. O crescimento de longo prazo de sua empresa está diretamente ligado à sua capacidade de não só conquistar sua base de clientes, mas também de expandi-la para atingir seus objetivos de longo prazo – continua ele.

> **A satisfação do cliente é uma indicação de que sua empresa entende e atende as necessidades dele. Compreender seus clientes e ser capaz de satisfazer suas necessidades é crucial para o sucesso de seu negócio. Apenas lembre-se de que um cliente insatisfeito pode propagar o impacto negativo da experiência de compra de seus produtos ou serviços a vários clientes potenciais.**

– A satisfação dos colaboradores é outro indicador-chave do sucesso do negócio. Desenvolver um ambiente de trabalho que premia os funcionários por seu trabalho árduo é imperativo para atrair e reter funcionários de qualidade. Se os trabalhadores sabem que são apreciados, estarão muito mais propensos a conquistar grandes desafios quando necessário. Por último, e não menos importante, a avaliação do equilíbrio de seu fluxo de caixa é fundamental para saber se a empresa tem os recursos financeiros necessários para atender a todos os compromissos assumidos com fornecedores, colaboradores, governo, bancos etc. O controle do fluxo de caixa é um aspecto essencial da gestão financeira de uma empresa e tem como objetivo estimar futuras necessidades de dinheiro para evitar uma crise de liquidez. Se uma empresa ficar sem dinheiro e não for capaz de obter financiamento novo, vai se tornar insolvente – aponta Irani.

Após explicar as seis maneiras de avaliar se o empreendimento está no caminho certo, Reinaldo toma a palavra:

– Apesar de os empreendedores geralmente colocarem o coração e a alma em seus empreendimentos, eles têm pouca ideia de como avaliar seus esforços. O sucesso inicial de um empreendimento não significa que ele deva somente saber sobre o aumento da base de clientes ou seu grau de satisfação, é preciso também avaliar por que esses clientes escolheram seu produto ou serviço e por que outros deram preferência aos concorrentes. Trata-se de obter informações sobre que melhorias são necessárias para ofertar um produto ou serviço superior. Significa saber, por meio da experiência pessoal, se você gosta de trabalhar para si, o que não deve fazer, onde pode adicionar mais valor ao seu negócio e onde está aplicando mal o seu tempo. A carreira empreendedora requer longas horas de dedicação e compromisso. Por isso vocês devem ter o cuidado de monitorar seu sucesso para garantir a perpetuação da paixão pelo empreendimento empresarial – declara Reinaldo.

– Irani, há mais alguma questão que deve constar em nosso plano de negócio? – indaga Rose.

– Sim! Quais são seus principais eventos futuros? Criar um gráfico que mostre as principais ações e as datas de seu início e fim ajudará o empreendedor a ter como foco as prioridades e o controle dos fatos importantes para a implementação de seu negócio. Esses marcos vão ajudá-lo a se manter responsável pela avaliação de seu progresso. Se você não está atingindo suas metas, isso vai forçá-lo a "cair na real" sobre seu desempenho e o que fazer para voltar ao caminho original. Sem esse mapa, você nunca vai saber se precisa mudar de rota, até ser tarde demais.

– Para escrever um bom plano de negócios, você tem de saber as respostas das perguntas anteriormente propostas. Não tivemos a pretensão de esgotar o conteúdo desse tema, mas as questões sugeridas servem de guia para a elaboração do plano de negócio – diz Reinaldo.

– Estou entendendo o que vocês estão dizendo, mas quais são os principais componentes de um plano de negócio? – quis saber Alê.

– Depois de responder às questões anteriormente formuladas, é conveniente que vocês organizem formalmente as respostas em um documento que contenha os seguintes tópicos: sumário executivo, descrição do negócio, análise do mercado, *marketing* e distribuição, colaboradores-chave, estratégia de saída e demonstrativos financeiros – diz Irani. – Vou apresentar um breve resumo de cada um desses tópicos, sem pretender um aprofundamento em cada um deles. Seria interessante que vocês utilizassem um dos diversos modelos que se encontram na internet para ajudá-los nessa tarefa.

A estruturação de um plano de negócio formal tem início com um sumário executivo. Esse tópico resume as informações mais importantes de seu plano de negócios – as pessoas, a ideia, o mercado, a concorrência, a estratégia etc. Geralmente, não deve conter mais do que duas páginas e é escrito por último. No tópico sobre a descrição do negócio, o empreendedor deve detalhar a missão, a visão, os valores, os objetivos estratégicos e um resumo do modelo de negócio (como você vai ganhar dinheiro). Depois de ler essa seção do plano, as pessoas devem ser capazes de perceber, com total clareza, o que você pretende realizar!

– O próximo tópico a ser desenvolvido é a análise de mercado que especifica as necessidades e desejos dos clientes potenciais, bem como sua concorrência e o percentual do mercado que você espera alcançar. Certifique-se de incluir dados obtidos por qualquer pesquisa de mercado ou a análise da competitividade que você realizou, citando as fontes onde foram obtidas as informações – aposta.

– Continue a preparação do documento, abordando o tópico *marketing* e distribuição, apresentando sua estratégia e cronograma para atingir seus objetivos de *marketing*, definir seu modelo de receita (como você vai cobrar de seus futuros clientes) e quais são os canais de distribuição que vai utilizar para aproximar os clientes potenciais de seus produtos ou serviços. Certifique-se de incluir todas as inovações que você tem para comercializá-los e distribuí-los.

– Na sequência da elaboração do plano de negócio, escreva o plano operacional. Explique a operação diária do negócio, sua localização, equipamentos, pessoas e processos. Descreva como e onde seus produtos ou serviços serão produzidos. Estabeleça quais são as condições que você vai ter que atender na escolha do local onde deverá estabelecer a empresa. Descreva os requisitos físicos do local, tais como quantidade de espaço, tipo de construção, zoneamento, energia e outros utilitários. É importante que sua localização seja conveniente para atender a logística do negócio.

– Descreva, a seguir, o tópico sobre a equipe de colaboradores-chave (existentes ou futuros) que serão fundamentais para o sucesso do negócio. Inclua o papel de cada colaborador e suas principais responsabilidades, assim como qualquer informação que ilustre por que eles são altamente qualificados para desempenhar o papel atribuído a cada um. Finalizando, tudo o que foi realizado até aqui servirá para realizar e apresentar os orçamentos que fundamentam o pilar Orçar da **Metodologia DSOP**: o orçamento de investimentos, principais fontes e aplicação de capital e fluxo de caixa. Esses demonstrativos financeiros são essenciais tanto para o empreendedor como para qualquer outra parte interessada (por exemplo: financiadores, futuros sócios etc.), pois eles demonstrarão a viabilidade econômico-financeira do negócio – pontua Irani.

– Esses orçamentos devem ser muito bem fundamentados em premissas que justifiquem os números neles contidos. Por exemplo, se a empresa vai realizar um empréstimo para complementar sua necessidade de capital inicial, pode assumir que o comportamento futuro da taxa de juros seja uma premissa crítica, pois se ela variar muito acima do valor utilizado nas projeções de despesas, a empresa poderá ter sua situação econômico-financeira agravada no futuro. O valor real da criação de um plano de negócios não está em ter um produto acabado na mão. Ao contrário, o valor está no processo de pesquisar e pensar sobre seu negócio de forma sistemática – finaliza a explicação.

Reinaldo e Irani avançam mais um pouco sobre modelo de negócio.

– A controvérsia sobre se o "modelo de negócios" substituiria o "plano de negócios" como metodologia para planejamento de empreendimentos pode ser considerada uma discussão desnecessária. Ambos têm sua importância consagrada e ficam evidentes as suas utilidades. A metodologia de elaboração de um plano de negócio, anteriormente apresentada, é uma ferramenta amplamente reconhecida entre empreendedores e investidores. A elaboração de um plano de negócio é mais aconselhada para o planejamento de empresas existentes porque possuem dados históricos que servirão de base para análises e projeções. Já a metodologia de construção de um modelo de negócio é mais aconselhável nas situações em que não há dados históricos ou quando falta ao empreeendedor experiência em relação ao mercado, clientes, concorrência etc. Em essência, um modelo de negócio é mais conceitual e menos financeiro, daí sua maior aplicabilidade no desenvolvimento de novos negócios.

– Deixando de lado a polêmica sobre qual é a melhor metodologia para planejar um novo negócio, certo é que todas as empresas existentes, de forma explícita ou implícita, possuem um modelo de negócio próprio – diz Reinaldo. – Ele descreve o desenho ou arquitetura da criação, entrega e captura de valor de um empreendimento. A essência de um modelo de negócio é evidenciar as necessidades dos clientes e sua capacidade de pagar pelos produtos ou serviços adquiridos, definir a maneira pela qual o negócio responde e agrega valor aos clientes e como eles podem ser seduzidos para pagarem o valor criado e converter esses pagamentos em lucro. Em outras palavras, ele demonstra como o empreendedor vai ganhar dinheiro pela realização de seu sonho.

– Reinaldo, quais são os elementos-chave que devem ser considerados na elaboração de um modelo de negócio? – pergunta Mark.

– Na nossa abordagem, existem cinco elementos primários e cada um é composto por dados complementares de várias dimensões. Iniciamos nossa exposição abordando o elemento "mercado". Esse elemento consiste na definição do segmento ou nicho que a empresa escolheu para competir. Inclui a definição do perfil dos futuros clientes, as necessidades que a empresa pretende atender, quais são seus futuros concorrentes e parceiros de negócio e como posicionar o negócio para ter vantagens competitivas, servindo de base para a elaboração do resto do modelo de negócio.

"Outro elemento necessário para a construção do modelo de negócio é a definição da proposta de valor. Esse elemento se refere à definição de sua proposta de valor para seus clientes-alvo. É essencial, nesse caso, pensar a oferta da forma mais holística possível. Isso significa definir e distinguir a solução "total" a ser oferecida diante das necessidades dos potenciais clientes, incluindo recursos complementares providos por terceiros, a definição da experiência de compra total do cliente e de como será o relacionamento com eles. Inclui também os outros elementos da proposta de valor para o cliente, por exemplo: estratégia de precificação, canais de distribuição, plano de propaganda etc.

Outro elemento-chave do modelo de negócios são os "processos". Esse elemento descreve como a empresa cria, comercializa e distribui seus produtos e serviços aos clientes. Esses três processos centrais – pesquisa e desenvolvimento de produtos, vendas e *marketing*, modelo operacional e atividades de suporte ao cliente – são os motores fundamentais do negócio. Além disso, dois outros processos essenciais devem ser definidos – como a empresa gerencia o negócio (através de planejamento estratégico e operacional e controle) e como vai oferecer o suporte (através de RH, TI, finanças, serviços de apoio jurídico e outros) para essas atividades. Como aconselhamos para os outros elementos, a definição desses processos deve ser holística: inclui processos repetitivos, iniciativas fundamentais, habilidades internas, recursos, fornecedores e parceiros de canais de distribuição. O próximo elemento é "pessoas". Ele identifica as principais partes diretamente interessadas do negócio – a equipe de gestores, funcionários-chave, investidores, o conselho deliberativo e os principais parceiros estratégicos. Isso inclui pensar como cada um contribuirá para o negócio e como vão compartilhar o valor criado e capturado pela empresa – diz Reinaldo.

– Cabe, nesse elemento, demonstrar a estrutura organizacional para garantir o desenvolvimento de todas as atividades necessárias à criação, entrega e captura de valor do empreendimento. Consiste na definição das linhas de autoridade e comunicação, bem como da função e das responsabilidades de cada setor – complementa Irani.

– Finalizando, há o "potencial de lucratividade". Nesse ponto, vamos abordar a essência do pilar Orçar. Esse elemento é tanto o resultado como o facilitador dos outros quatro elementos. Compreende a elaboração dos principais orçamentos dos componentes financeiros e econômicos do modelo: receitas, estrutura de custos, orçamento de investimento e fluxo de caixa. Em última análise, o objetivo geral do modelo de negócio é otimizar seu modelo de lucratividade, como o valor criado pelo negócio pode ser maximizado por meio de recursos limitados e como o negócio pode capturar seu quinhão de valor representado pelo lucro líquido gerado, para o empreendedor e compartilhá-lo entre suas partes interessadas – declara Reinaldo.

> Para a concepção e implementação de um plano ou modelo de negócio anteriormente discutido fornece um conjunto de ferramentas simples e poderosa de diagnóstico e tomada de decisões, visando tornar viável o sonho de cada potencial empreendedor que participa deste nosso papo empreendedor. Gostaria de solicitar a vocês que apresentassem, na próxima reunião, um plano ou modelo de negócio que efetivamente espelhe como cada um pretende criar, transferir e capturar valor com seus respectivos negócios.

Como poupar
para investir mais

Retomando a série de reuniões, Reinaldo e Irani informam ao grupo que vão abordar o quarto e último pilar da **Metodologia DSOP** – Poupar. Antes de iniciar o papo sobre esse tema, eles apresentam aos participantes um resumo das principais falhas evitáveis que encontraram nos planos ou modelos de negócio solicitados na última reunião. Irani inicia a reunião abordando a falta de precisão na definição do negócio, da missão e da visão futura a ser alcançada pelo empreendimento, de forma clara e específica.

– Encontramos uma falha no diagnóstico da concorrência, já que alguns dos participantes acreditam que seus únicos concorrentes são somente aquelas empresas que comercializam o que eles pretendem ofertar, sem considerar as que vendem produtos ou serviços substitutos. Em um caso analisado, o empreendedor afirma que "nosso produto/serviço é tão inovador que não temos concorrentes". Esse tipo de declaração, de maneira geral, é pouco crível e só deve ser utilizada quando se tem muita certeza de que o produto é portador de uma inovação radical – declara Irani.

– Observamos que, em alguns casos, as projeções financeiras estavam superestimadas, pois apresentavam números irreais e inconsistentes em relação ao que realmente deveriam expressar – diz Reinaldo. – É comum o empreendedor ser otimista na projeção da receita ou considerar as despesas abaixo dos valores reais. Caso as informações financeiras despertem dúvidas sobre sua viabilidade, o plano ou modelo de negócio perde a confiabilidade. Mais grave ainda é a falta de planilhas financeiras importantes, que demonstram as fontes de capital próprio e de terceiros, o orçamento do fluxo de caixa e uma estimativa da necessidade de capital de giro.

– Outro aspecto negativo é o baixo grau de conhecimento do mercado, indicando pouca pesquisa do comportamento do futuro cliente e da concorrência, bem como uma superestimação da taxa de crescimento da base de clientes, de crescimento do mercado e a fixação irreal de preços de venda dos produtos ou serviços. Somado a isso, alguns planos apresentaram um leque muito amplo de prioridades em termos de clientes e mercados, o que indica falta de foco no negócio, o que pode gerar, no futuro, grande dispersão na aplicação de recursos escassos. Notamos também que, em alguns casos, os planos não continham as atividades ou tarefas de forma detalhada para o primeiro ano de funcionamento do empreendimento. Essa peça do plano é de fundamental importância para que o empreendedor possa se orientar e avaliar seu desempenho e o de seus colaboradores – diz Irani.

– Além de tudo isso, nenhum empreendedor abordou o que pode dar errado em sua ideia de negócio – informa Reinaldo. – Não merece credibilidade o empreendedor que diz que seu plano é perfeito e que tudo vai correr dentro do planejado. Não enxergar os riscos no negócio é o melhor indicador de que ele não se aprofundou o suficiente para conhecer todas as dimensões do negócio.

– Gostaria de ressaltar que as falhas anteriormente apontadas são comuns na elaboração de planos ou modelos de negócio. Sugiro uma revisão nos projetos com base nessas informações. É melhor refazer em parte ou totalmente os planos do que persistir em algo irreal ou incompleto – diz Irani.

– Vamos, então, dar início ao nosso papo de hoje. Trataremos do quarto pilar da **Metodologia DSOP** – Poupar. Na abordagem do pilar Orçar, afirmamos que o empreendedor deve aportar, em média, no mínimo 60% do investimento inicial de seu negócio já ajustado para a menor necessidade de capital. Caso o empreendedor já tenha esse montante de capital próprio, deve seguir em frente na implementação de seu plano ou modelo de negócio. Caso contrário, para atender a essa necessidade, o empreendedor deve fazer uma poupança antes de iniciar a execução do projeto empreendedor. Esse processo deve continuar após a abertura da nova empresa, nas situações em que o empreendedor emprestou recursos de terceiros para completar o montante de dinheiro para iniciar suas atividades empresariais ou para investir na expansão do negócio – diz Reinaldo. – Sem poupança não há investimento. Poupar é o primeiro passo para investir ou para ganhar capacidade financeira para empreender. Significa sacrifícios, disciplina e constância de propósito por parte do empreendedor. Sem se comprometer com esses requisitos, provavelmente, o sonho empreendedor não vai se concretizar – continua ele.

– Você poderia passar algumas dicas para conseguirmos poupar, Reinaldo? – solicita Giovanna.

A fórmula fundamental da poupança é saber, em primeiro lugar, no que e quanto você gasta, em média, mensalmente para atender seu padrão de vida atual.

– Nesse item entram todas as despesas para manter suas necessidades básicas, tais como despesas de consumo com alimentação, habitação, vestuário, transporte, higiene e cuidados pessoais, assistência à saúde, educação, recreação e cultura, serviços pessoais e despesas diversas. Complementam esse item gastos com gasolina, entretenimento, refeições fora de casa, presentes em datas especiais (aniversários, Natal, dia das mães etc.), gastos com roupas e calçados, assinaturas ou compra de jornais e revistas, celular, despesas médicas (consultas não frequentes) e cabeleireiros. Sugiro a utilização dos dados fornecidos pelas empresas de cartão de crédito, anotações efetuadas no talão de cheque e os avisos bancários para estimar a média desses gastos. Para facilitar, todo gasto deve ser anotado no Apontamento de Despesas. Em seguida, anote todos os rendimentos na forma de salários, aluguéis, rendimentos de aplicações financeiras etc. Subtraia os rendimentos das despesas. Se o saldo for positivo, você está pronto para poupar e investir em seu sonho de ter um negócio próprio ou, prioritariamente, para pagar suas dívidas (especialmente as realizadas com cartão de crédito, cheque especial e crédito consignado). Se o total de despesas for igual ou superior aos rendimentos, será necessário baixar seu padrão de gastos para gerar capital financeiro mínimo para iniciar seu negócio. Concentre sua atenção nos gastos variáveis. São despesas que devem, se possível, ser evitadas ou reduzidas, tais como banho demorado, desperdício de comida e compra de produtos desnecessários, porque em média 25% que consumimos é excesso – pontua Reinaldo.

– E depois de realizar os ajustes no orçamento mensal? O que devemos fazer? – pergunta Giovanna.

– Depois disso, é necessário cumprir o orçamento à risca, fazendo apenas pequenos ajustes que possam surgir. É fundamental rever o orçamento periodicamente para ter certeza de que o planejado para ajustar suas despesas será cumprido. Decorrido o primeiro mês, foque sua atenção na comparação dos gastos reais com os gastos orçados. Se essa comparação revelar discordância de valores, faça as correções necessárias – complementa Irani.

– O ato de poupar deve ser permanente na vida de um empresário, Irani? – questiona Rafa.

– Sim, Rafa. Primeiro, o empreendedor deve poupar para pagar todas as dívidas contraídas com terceiros (familiares, amigos, investidores-anjos), para complementar o capital inicial e, eventualmente, pagar dívidas do financiamento de fornecedores para aquisição de bens e insumos necessários ao desenvolvimento das atividades do dia a dia da empresa. Em segundo lugar, o empreendedor deve manter seu esforço de poupar permanentemente, pois a empresa vai necessitar de novos investimentos para atender suas metas de crescimento e desenvolvimento. Complementa essas atitudes a preocupação em reduzir custos improdutivos e o desperdício. Os custos improdutivos são aqueles que não agregam valor ao negócio ou ao cliente e devem ser eliminados, gradativamente, para não desperdiçar o dinheiro da empresa como horas extras e retrabalho por falta de qualidade. Poupar é também não desperdiçar, gastar com moderação e saber comprar. Cada desperdício representa dezenas, centenas, milhares de reais jogados fora e que poderiam ser empregados na realização de seus sonhos e na concretização da tão sonhada saúde financeira de seu negócio. Procure utilizar o apontamento de despesas do empreendedor para auxiliar nesse momento delicado.

– Com o crescimento, a empresa vai contar com novos colaboradores. Conscientize-os da "cultura da poupança". Explique que poupar está além de apenas juntar dinheiro e que reduzir custos e desperdícios também é uma forma de poupar. Se possível, dê exemplos reais. Faça com eles a conta de quanto dinheiro poderia ter sido poupado pela empresa para realizar seus sonhos e preservar os empregos – declara Reinaldo.

> A poupança representa parte dos lucros gerados pelo empreendimento que é reservado pelo empreendedor, visando à realização de investimentos necessários à expansão do negócio, e na produtividade para manter a competitividade.

– Caso não se comprometa com esses objetivos, o empreendedor será forçado a recorrer aos empréstimos bancários, elevando suas despesas por conta dos juros e, consequentemente, reduzindo a margem de lucro. A poupança também é importante para criar uma reserva para eventos futuros não previsíveis, que possam representar uma oportunidade ou uma ameaça à continuidade da empresa. O ato de poupar propicia ao empreendedor que enfrente momentos de crise, como um período de queda no faturamento, com mais confiança e determinação. Podemos usar como exemplo aumentar os gastos de propaganda devido ao lançamento de um produto por um concorrente (ameaça) ou aproveitar a oferta especial de aquisição de matéria-prima ou mercadorias (oportunidade).

– Professor, é permitido realizar saques da poupança? – pergunta Rose.

– O empreendedor deve refletir ao realizar retiradas da conta corrente ou saques da poupança gerada pelos lucros do empreendimento. Lembro que com a diminuição do montante poupado, menores serão as possibilidades de investimentos na inovação em produtos ou serviços. Atingir a segurança financeira, proporcionada pela poupança, é uma das principais metas que, uma vez obtida, permite ao empreendedor ter maior confiança em relação ao futuro de seu negócio. A conquista de uma situação econômica saudável para a empresa é fundamental para realizar os sonhos de crescimento e desenvolvimento do negócio.

– Em determinadas circunstâncias – continuou Irani – quando não há possibilidade de desenvolver o negócio somente com o investimento dos lucros gerados, é necessário fazer um diagnóstico financeiro para descobrir a causa do problema. Esgotada essa ação e persistindo a necessidade de recursos adicionais, resta ao empreendedor buscar dinheiro no mercado financeiro. Essa providência deve ser bem planejada, porque, quando efetivada, gera compromissos de desembolsos futuros de caixa para pagamento do principal, acrescido de juros, independentemente do fato de a empresa estar ou não gerando lucro.

– A constituição de uma poupança permite que o empreendedor suplante os problemas, as adversidades e os riscos inerentes a qualquer negócio. Sua insuficiência pode significar a descontinuidade do empreendimento e o fim do sonho. Adquirir conhecimentos apropriados de Educação Financeira é um diferencial importante para que o empreendedor gerencie de forma eficaz as finanças de seu negócio, poupe mais e, consequentemente, concretize os investimentos, evite o endividamento e conquiste a tão sonhada segurança financeira. O compromisso de poupar e investir exige que o empreendedor defina claramente quais são os objetivos que deseja alcançar, bem como as reais possibilidades de atingi-los. Sonhar com a devida preocupação de estabelecer metas possíveis de serem cumpridas é de fundamental importância para que o empreendedor não se frustre nem abdique de seu sonho. Nessa ação, o empreendedor deve iniciar seu plano fixando objetivos possíveis de serem alcançados, visando adquirir confiança em sua capacidade de execução e progredindo, paulatinamente, na fixação de objetivos mais desafiadores – declara Reinaldo.

– Como aumentar a capacidade de poupar reduzindo o endividamento? – quis saber Rafa.

– Uma prática financeira recomendada, nesse caso, é a redução, se possível, do nível de endividamento financeiro e não financeiro da empresa, visando o incremento da capacidade de poupar. Para tanto, o empreendedor pode adotar algumas ações apresentadas a seguir. Após a realização de uma faxina financeira com vista à eliminação de custos improdutivos e desperdícios, o empreendedor deve estruturar um plano para elevar a geração de lucros e propor aos credores um parcelamento viável das dívidas bancárias. As dívidas com fornecedores devem, se possível, ser renegociadas para alongar os prazos e reduzir os encargos (juros, multas etc.) – explica Reinaldo.

Outra medida eficaz é trocar o financiamento bancário caro por outro com taxas de juros menores e com maiores prazos para pagamento, concentrando a movimentação financeira em poucos bancos para aumentar o poder de negociação. Visando reduzir a pressão financeira, o empreendedor deve adiar investimentos que possam agravar o déficit de caixa da empresa e, assim, propiciar a formação de uma reserva financeira. O empreendedor deve também adotar ações inteligentes para retardar as saídas e antecipar as entradas de caixa que, somadas a outras de caráter operacional, vão reduzir a necessidade de capital de giro, possibilitando o uso do montante de recursos economizados no pagamento de dívidas. Com a redução ou eliminação das dívidas, o empreendedor pode começar a fazer pequenos investimentos produtivos – finaliza ele.

> Quando a empresa não for capaz de produzir recursos financeiros suficientes para reduzir seu endividamento e investir, restam as seguintes alternativas: aporte de dinheiro novo do empreendedor, venda de algum ativo improdutivo da empresa, admissão de um novo sócio ou solicitação do regime de recuperação judicial (antiga concordata), desde que o negócio ofereça uma perspectiva positiva de recuperação no futuro. Caso contrário, será melhor adotar medidas radicais, como a venda do negócio, a liquidação da empresa ou o pedido de falência, caso o valor da dívida seja superior à capacidade de pagamento – complementa Irani.

– Quais são os sinais claros de endividamento empresarial excessivo, Irani? – pergunta Alê.

– Aumento das despesas financeiras, atraso no pagamento dos fornecedores, acréscimo anormal do endividamento bancário, atraso ou não pagamentos de impostos, contribuições e taxas municipais, salários e contribuições sociais dos empregados etc. Caso tenha percebido a ocorrência desses sintomas, é conveniente realizar uma profunda revisão de seu negócio, tomando como referência a **Metodologia DSOP**.

– Foi dito anteriormente que a maior fonte de poupança é o lucro gerado pelo negócio. Como aumentar a lucratividade da empresa para incrementar a capacidade de poupança? – Mark indaga.

– Não existe mágica para aumentar o lucro de uma empresa visando elevar o nível de poupança. O empreendedor pode elevar a receita (faturamento), reduzir custos ou adotar uma combinação dessas alternativas. Reduzir custos é um esforço que será plenamente recompensado pelos resultados obtidos em relação ao aumento da capacidade de poupar. Pelo exemplo a seguir, pode-se verificar que uma redução de 5% nos custos resultou em um aumento de 90% no lucro! Uma empresa com lucros correntes de R$ 10 e um custo total de R$ 190, se reduzir esse valor em 5%, ou seja, para R$ 181, terá um aumento de R$ 9 de lucro, o que representa um acréscimo de 90% – diz Reinaldo.

– O que pode ser feito para aumentar as receitas visando gerar mais lucro e, dessa forma, aumentar a capacidade de poupar? – pergunta Rose.

– Para elevar a lucratividade do negócio, do lado das receitas, o empreendedor deve adotar uma combinação de ações expostas a seguir. A medida mais fácil é elevar o preço dos produtos, mercadorias ou serviços desde que mantenha sua competitividade perante os concorrentes. Vocês podem tentar uma redução de preços visando aumentar a base de clientes (conquistar clientes da concorrência) e, com isso, aumentar o faturamento. Essa ação pode ser desastrosa se desencadear uma guerra de preços pela concorrência que, na maioria das vezes, resulta em sérios problemas para todos, devido à redução sucessiva das margens de lucro. É preferível tentar agregar os "não clientes", ou seja, expandindo sua penetração no mercado, conquistando novos segmentos de clientes que ainda não compram os atuais produtos, mercadorias ou serviços da empresa e oferecendo um valor superior ao da concorrência – diz Reinaldo.

– Entende-se como valor a oferta de produtos, mercadorias ou serviços com menor custo de aquisição e/ou maior benefício para o cliente como a venda de produtos pela internet, que reduz o custo de aquisição do cliente com as despesas de locomoção, estacionamento etc. O empreendedor pode também arriscar-se a atrair clientes da concorrência por meio da oferta de produtos e serviços diferenciados como descontos, cupons e entrega de mercadorias na casa do cliente. Pode também praticar uma política comercial de aumento do valor médio de compras realizadas pelos clientes atuais através da oferta de produtos, mercadorias ou serviços com maior valor agregado ou complementares. A alternativa mais cara e de maior risco é desenvolver produtos, mercadorias ou serviços inovadores para se diferenciar dos concorrentes – declara Irani.

– Diversas vezes ouvi de empresários de sucesso que comprar bem é uma forma de aumentar o lucro e, consequentemente, de elevar a capacidade de poupar. É verdadeira? – pergunta Rafa.

– Assim como o ato de poupar é fundamental para a saúde financeira, o ato de comprar bem pode ter o mesmo significado de poupar – diz Reinaldo. – Comprar bem significa adquirir produtos ou serviços que são realmente necessários para sua empresa. Com o menor preço possível e com a melhor condição de pagamento. Antes de comprar qualquer bem é preciso refletir sobre as reais necessidades. O consumo inconsciente é o pior inimigo do equilíbrio financeiro de uma empresa. Pesquise em diferentes fornecedores. Se tiver dúvida entre comprar ou não, deixe para o dia seguinte. Se for algo realmente importante, certamente você comprará depois. Optar pelo pagamento à vista, negociar e conseguir bons descontos também significa poupar, pois quem paga juros embutidos nas compras a prazo gasta mais e, consequentemente, tem menos dinheiro, ou seja, realiza menos sonhos – completa.

– Reinaldo, você poderia dar algumas dicas sobre comprar melhor, economizar e poupar? – indaga Rose.

– Na minha experiência de gestão do dia a dia de meus negócios, aprendi que o ato de comprar não deve se fundamentar somente na astúcia do empreendedor, mas no processo de planejamento da empresa. É importante saber negociar sistematicamente com os fornecedores, visando conseguir as melhores condições de compra. É preciso concentrar atenção nas oportunidades, ter rapidez e bons processos de controle para evitar perdas e compras desnecessárias. Devo alertá-los de que comprar pelo menor preço possível nem sempre significa comprar bem. O fornecedor alternativo deve oferecer produtos ou serviços iguais ou semelhantes e apresentar benefícios superiores aos ofertados por seus fornecedores tradicionais.

As negociações devem atender às necessidades do caixa da empresa, pois é importante manter o equilíbrio financeiro entre o que a empresa precisa adquirir para concretizar suas atividades e sua capacidade de pagamento. É de fundamental importância que cada compra realizada seja entregue no prazo prometido pelo fornecedor, caso contrário poderá causar descontinuidade nas atividades da empresa – expõe Reinaldo.

> A empresa deve manter um amplo cadastro de fornecedores que possibilitará ao empreendedor lançar mão de outro, na hipótese de um falhar no cumprimento do que foi contratado. É conveniente criar uma relação de parceria com os fornecedores corretos, com bom histórico de fornecimento contratado e com um sistema logístico à altura das necessidades da empresa, para promover uma interação eficaz.

– Nunca tente extrair benefícios não merecidos desse relacionamento para que não ocorra quebra de confiança nas relações comerciais – alerta Reinaldo. – Na medida do possível, é interessante concentrar as compras em poucos fornecedores, produzindo economia e equilíbrio financeiro do caixa ao negociar prazos mais dilatados para pagamento, preços menores, maiores descontos etc. Algumas compras são sazonais, ou seja, aquelas que ocorrem com certa frequência em determinada época e nunca de forma contínua, como as compras para atender a produção ou comercialização natalina. Portanto, analisar a sazonalidade é fundamental para a determinação da melhor combinação e quantidade apropriada de compra e estocagem. É importante rever a necessidade de estoque tendo em vista o planejamento das necessidades de produção e vendas, visando restringir os níveis de compras mensais ao menor valor aceitável, para manter baixos os níveis de estoques e atender às metas de endividamento.

– É possível aumentar a capacidade de poupar adotando uma gestão eficaz do orçamento do fluxo de caixa? – quis saber Giovanna.

– O fluxo de caixa é uma importante ferramenta de controle, análise, avaliação da segurança financeira do negócio e de poupança de recursos. Ele fornece ao empreendedor uma estimativa das necessidades futuras de recursos e/ou como e quando o excedente de caixa será aplicado. A inexistência de uma gestão eficaz do fluxo de caixa de uma empresa pode levá-la a uma situação insustentável, caracterizada pelo frequente financiamento das necessidades de caixa com recursos oriundos de empréstimos bancários. A prática de "rolar" as dívidas por períodos prolongados exige que o empreendedor siga o calvário diário de mendigar aos gerentes dos bancos credores a renegociação dos débitos – explica Irani para Giovanna e para os demais presentes.

– Portanto, o principal objetivo da gestão do orçamento do fluxo de caixa é prover o empreendedor de dados para a tomada de decisões financeiras, estimando as faltas ou excesso de dinheiro em caixa relacionadas às atividades de compra, transformação de insumos e venda de produtos/mercadorias e/ou serviços, funções básicas de qualquer negócio. As projeções do fluxo de caixa devem incluir também os investimentos em ativos fixos e capital de giro, o pagamento do pró-labore, a contratação ou amortização de empréstimos bancários, o pagamento de tributos (impostos, contribuições e taxas) e a reserva para formação da poupança. O empreendedor deve identificar as fontes de recursos para cobrir as faltas ou aplicar os excedentes de caixa nas opções de investimento de maior retorno e menor risco, sempre preservando a capacidade de pagar em dia as dívidas assumidas. Também precisa efetuar o controle orçamentário, comparando o fluxo de caixa real com o planejado no orçamento, o que permite a identificação e avaliação das diferenças ocorridas, assim como suas causas e a adoção de medidas para corrigir os desvios encontrados – complementa a explicação de Irani, Reinaldo.

– Reduzir a necessidade de capital de giro pode contribuir para o incremento da poupança empresarial? – Mark pergunta.

> Uma das principais causas da mortalidade dos pequenos negócios é a má gestão do capital de giro. Quanto menor for a necessidade de capital de giro, melhor será a estabilidade financeira do negócio e maiores serão as economias de recursos financeiros destinados à formação da poupança.

– Relembramos que, para atingir esse objetivo, o empreendedor pode adotar uma mescla das seguintes decisões: renegociar prazos de pagamento com fornecedores; reduzir o prazo de financiamento de vendas a crédito; aumentar o volume de vendas à vista oferecendo opções de desconto aos clientes; implantar um sistema de crédito e cobrança eficaz; realizar a aquisição de insumos considerando as previsões de vendas e de produção; reduzir o prazo médio de estoques; restringir o volume de aquisição de insumos; aumentar a frequência das compras e diminuir a inadimplência dos clientes melhorando o sistema de cobrança – pontua Reinaldo.

– Reinaldo, o que devemos fazer para proteger a poupança acumulada? Isto é, não perder o dinheiro poupado – questiona Alê.

– Em primeiro lugar, o empreendedor deve pagar as dívidas contraídas para viabilizar o negócio – já avisa Reinaldo. – Depois de atingir esse objetivo, há várias opções de investimentos em ativos financeiros para proteger a poupança conquistada. É importante decidir inicialmente sobre os seguintes itens:

- Qual é o montante de recursos que será aplicado?
- Qual é o período de tempo das aplicações?
- Qual é o risco que o empreendedor está disposto a assumir em função de sua expectativa de rentabilidade das aplicações?

– Em muitas situações, ocorre um lapso de tempo entre o ato de poupar e investir. Nesse período, o empreendedor deve aplicar o montante poupado em modalidades de ativos financeiros, compatíveis com o desembolso de caixa previsto no cronograma de investimentos. A escolha de ativos financeiros para aplicação da poupança também deve levar em conta o risco que o empreendedor quer assumir. É importante considerar também que, quanto maior for a rentabilidade prometida, maior será o risco de perder a quantia aplicada – esclarece Reinaldo.

Com o intuito de ajudar os futuros empreendedores, Irani e Reinaldo intensificam as explicações sobre poupar para poder investir.

– No mercado financeiro, há diversas opções de aplicação em ativos financeiros, que variam em baixo risco, como a caderneta de poupança, até investimentos de alto risco, como a aquisição de ações na bolsa de valores – declara Irani.

> Além de elaborar um plano de aplicação da poupança, é importante definir o momento do resgate de cada ativo financeiro escolhido, conforme o cronograma de aplicação dos recursos poupados, para serem investidos em formas de alcançar os objetivos desejados para o negócio. A determinação do período de tempo de cada aplicação é fundamental no momento da escolha dos ativos financeiros. Quanto maior for esse período, maior será a rentabilidade e menor a incidência de tributos – declara Reinaldo.

– Quanto ao risco envolvido, é diretamente proporcional à rentabilidade desejada pelo empreendedor, ou seja, quanto maior for o retorno esperado, pelo tipo de aplicação escolhida, maior será o risco. É importante conhecer muito bem os atributos de cada aplicação, tais como o nível de risco, o retorno, o tempo de aplicação, os tributos e outras despesas que serão cobradas, como a taxa de administração exigida por fundos de investimentos, que podem comprometer a rentabilidade dos investimentos – complementa Irani.

– Onde se deve investir o dinheiro poupado, Reinaldo? – indaga Rose.

– Essa é sempre uma decisão difícil, principalmente por causa da grande quantidade de opções de ativos financeiros que existem no mercado. Mas, indubitavelmente, sempre há ótimas opções de investimento como a caderneta de poupança, fundos referenciados (DI), fundos de curto prazo, fundo de investimento, Certificado de Depósito Bancário (CDB), Recibos de Depósito Bancário (RDB), títulos públicos, ações, Letras de Crédito Imobiliário (LCI).

– Onde se pode obter conselhos sobre investimentos, professor? – pergunta Giovanna.

– É aconselhável que, no momento de decidir onde vai aplicar o valor poupado, o empreendedor consulte instituições e profissionais especializados para orientá-lo, como um educador e *coaching* financeiro, além da internet ou de bancos comerciais, bancos de investimento, corretoras e distribuidoras de valores, consultor, analista e administrador de carteira de valores mobiliários e agente autônomo de investimento.

– Como controlar os investimentos para proteger a poupança? – questiona Mark.

– O empreendedor deve acompanhar de perto a evolução dos investimentos, avaliando o comportamento dos riscos assumidos e observando se os retornos reais são compatíveis com o esperado no momento da aplicação. Para se manter informado sobre o comportamento do mercado financeiro, deve-se acompanhar as notícias sobre a situação de suas aplicações na mídia especializada (internet, relatórios das instituições financeiras, Comissão de Valores Mobiliários (CVM), Banco Central e avaliar a evolução do risco dos investimentos – declara Irani.

– Muito bem, caros futuros empreendedores, chegamos ao final dessa gratificante experiência. Antes de encerrar esta reunião, gostaria de comentar a seguinte frase: "E o curioso é que, o que no começo pode parecer impossível, logo se torna uma lição muito importante sobre o quão poderosa e valiosa pode ser a nossa criatividade e como o dinheiro não é mais que um limitante imaginário".

Essa frase foi retirada do livro *Manual para jovens sonhadores*, no qual a autora, Nathalie Trutmann, nos fornece uma grande lição de vida e dicas práticas para realizar sonhos em qualquer área profissional ou empresarial. Nathalie mostra a relação entre a criatividade e a necessidade de dinheiro para realizar o sonho empreendedor – um dos maiores fantasmas na vida do empreendedor – diz.

Durante toda a vida de alguém que pretende realizar-se como empreendedor, surgirão diversos desafios a serem enfrentados. Desde a concepção até o início de um novo negócio e durante todo o tempo em que permanecer como empresário, haverá os obstáculos a serem superados, como tivemos a oportunidade de demonstrar durante nossas conversas. Sabemos como é difícil encontrar o equilíbrio do grau de criatividade a ser aplicada durante todo o processo empreendedor, pois grande parte do início e gestão de uma empresa requer um pensamento mais prático, analítico e lógico. Na verdade, nossa educação e formação diminuiram nossa capacidade de adicionar o lado criativo ao comportamento racional. Talvez por isso 'pensar fora da caixa' seja tão raro – pountua Irani.

Para finalizar essa reunião, Irani dá alguns exemplos de empreendedores que se superam ao recriar necessidades para os clientes, a partir de produtos que já existiam.

Salvo algumas exceções, a maioria dos novos negócios, produtos e serviços é uma forma diferente de realizar algo já existente com a aplicação criativa de novos conhecimentos ou tecnologias em antigos conceitos empresariais. Foi esse o caminho perseguido por Steve Jobs, quando sua empresa *Apple* lançou, em 2001, o "iPod player" – um tocador portátil digital de música. Esse tipo de aparelho já era um velho conhecido daqueles que apreciavam ouvir música no *walkman*, produzido pela Sony desde 1979. Outro exemplo interessante foi o da empresa Amazon, fundada em 1994 por Jeff Bezos, cujo objetivo inicial era comercializar livros. Essa atividade já era exercida pela livraria Bertrand, que é considerada a primeira livraria do mundo, desde 1732, em Portugal. Qual é a semelhança e a diferença entre essas duas empresas? A semelhança é que ambas vendem livros. A diferença está em "como" elas comercializam esse produto. A Bertrand estabeleceu-se em uma edificação para a qual as pessoas deviam se dirigir para comprar alguma obra. A Amazon utilizou uma nova tecnologia – a internet –, visando atender seus clientes sem que eles necessitassem sair de casa para adquirir o mesmo produto.

A recombinação entre um negócio muito antigo com uma nova tecnologia gerou um empreendimento de bilhões de dólares – diz Irani.

– Uma forte contribuição para o processo criativo é mudar a maneira de olhar e pensar os fatos. Atitudes e comportamentos padronizados bloqueiam a visão clara e expulsam a imaginação. Às vezes, é útil imaginar abordagens contraditórias ou trabalhar com opostos – incentiva Reinaldo. – Outra alavanca da criatividade é a intenção contida no sonho do empreendedor, considerada a semente de pensamento criativo. Intenção é a maneira de trazer para nossa consciência as coisas que o cérebro considera importante. Um modo prático para despertar a criatividade é gerar uma consciência do que você quer realizar por meio de seu plano ou modelo de negócio. – pontua Irani.

– Muitos empresários concentram seu discurso em deficiências e expressam seus pensamentos e ideias de forma negativa como "não", "nunca", "impossível". Assuma uma decisão consciente de se tornar uma pessoa com pensamentos positivos, criando padrões de caráter prático para expressar suas intenções. Imaginação, *brainstorming*, pensar fora da caixa, pensamento criativo. Todos são nomes dados às abordagens criativas, que devem ser exercidas em seu negócio. – pontua Irani.

– Encerramos hoje esse bate-papo, mas nossa missão não acaba aqui. Quero propor que nos encontremos daqui a dois anos para avaliar o andamento de cada projeto. Isso mesmo, turma. Nos vemos em dois anos.

PARTE 2
Como cada um
concretizou seu plano de negócio

Decorridos dois anos desde a última reunião, Reinaldo e Irani voltam a se encontrar com o grupo. Dessa vez para abordar as experiências de cada participante na realização do sonho de ter o próprio negócio. Irani solicita a cada um que relate sucintamente o andamento do sonho empreendedor, a fim de avaliar o desempenho e apresentar eventuais críticas e sugestões. Após isso, Reinaldo pede que cada empreendedor informe, de maneira breve, o negócio escolhido, a situação atual, as dificuldades enfrentadas e as perspectivas futuras. Iniciando a rodada de exposições de cada caso, Alê tomou a iniciativa de apresentar sua experiência como empreendedor:

– Estou desenvolvendo uma cafeteria, "Alecafé" (nome comercial), que fornece produtos da mais alta qualidade: cafés especiais importados, sobremesas sofisticadas (tortas, *cupcakes, cheesecakes, croissants, waffles, macaroons* etc.) e salgadinhos diferenciados (*petit-fours*), praticando preços mais competitivos e atendimento pessoal de alto nível, para atender à demanda da classe de maior renda, dos residentes na área e turistas (o café está localizado no litoral norte de São Paulo). Investi até agora 210 mil reais das minhas economias. Tive de suplantar diversos obstáculos e dificuldades, dentre as quais cito o pouco conhecimento do negócio na fase inicial; a falta de treinamento e capacitação do pessoal; a junção dos gastos pessoais com os da empresa; a insuficiência de recursos financeiros; o tratamento negligente da contabilidade e do contador – conta Alê.

– Além disso, não fui capaz de aprender no início com meus próprios erros nem com os dos concorrentes. Estou sempre apressado, sem tempo, estressado e me queixando dos problemas que eu mesmo crio. Muitas vezes, adotei o "velho jeitinho brasileiro" para a solução de problemas e perdi empregados importantes. Aprendi muito com meus erros e sempre tive grande motivação e espírito de sacrifício. Desenvolvi a capacidade de suportar pressões para enfrentar esses desafios e hoje já estou tendo retorno do capital investido e completamente realizado como empreendedor. Pretendo expandir meu negócio através do modelo de franquia. Para tanto, já estou realizando novo plano de negócios com a assessoria de um consultor de franquias – conclui.

Após a explanação de Alê, Rafa expõe sua experiência como empreendedor:

– Ainda ocupo o cargo de gerente de desenvolvimento de novos negócios em uma grande corporação multinacional. Durante esses dois últimos anos, tive a oportunidade de propor aos meus superiores projetos possíveis de serem transformados em negócios. A primeira constatação que pude observar, nesse período, é que o empreendedorismo corporativo é diferente em alguns aspectos do empreendedorismo de negócio. Os fatores fundamentais do empreendedorismo corporativo são atender aos objetivos estratégicos da empresa; aplicar os recursos da empresa em novos negócios, produtos ou serviços e montar o grupo responsável pela execução do projeto empreendedor. Dentre os projetos apresentados, apenas um obteve a aprovação da direção superior da empresa, o qual visa desenvolver um site de comércio eletrônico, criando um canal de venda direta aos consumidores. Foram investidos 5 milhões de reais para a elaboração do site, a logística de entrega dos produtos e a criação de propaganda. O site está em funcionamento há cerca de seis meses e já acrescentou 10% no faturamento da empresa. A projeção do plano de negócios indica que, em três anos, esse canal de venda direta corresponderá a 40% do faturamento total da empresa – relata Rafa.

– No primeiro ano, após a conclusão do plano de negócios, tive de suplantar enormes desafios até que a diretoria desse sim para o desenvolvimento do projeto. Destaco os mais relevantes: excesso de burocracia (diversos critérios são analisados em vários departamentos: finanças, *marketing*, tecnologia etc.) devido à necessidade da aprovação do plano por toda a direção; exigência de horas de trabalho além dos limites de horário normal devido à deficiente gestão de minha agenda; preocupação, além do efeito financeiro, com a imagem da marca e com as expectativas de crescimento; dificuldade de obter recursos e financiamento devido à competição interna acirrada com outros projetos em decorrência do orçamento limitado; problemas de relacionamento com a gerência e a alta direção; resistências provocadas pelas ameaças ao corpo funcional da área de vendas devido a mudanças decorrentes da implementação do projeto; conflitos com o superior hierárquico responsável pelo projeto; dificuldades de recrutamento de pessoas para compor minha equipe; descontrole no acompanhamento dos custos – explica ele.

Mark inicia sua exposição lembrando a todos que seu objetivo em participar dessa experiência era explorar comercialmente sua descoberta como pesquisador e transformar seu invento em inovação, lançando um produto novo. Além disso, desejava ganhar dinheiro e realizar-se como empresário.

– Inicialmente, tive grande dificuldade de colocar minha ideia no formato de plano de negócio. Para superar esse obstáculo, resolvi frequentar diversos cursos de curta duração no Sebrae para aprimorar meus conhecimentos em gestão empresarial. Essa decisão contribuiu fortemente para que eu conhecesse temas relativos à estratégia empresarial, finanças, marketing, gestão de pessoas e gestão industrial, que foram muito úteis na elaboração final do plano e na implementação do negócio – argumenta positivamente Mark.

– Minha área de pesquisa na universidade estava focada no desenvolvimento de catalisadores para transformação de bagaço de cana de açúcar em álcool combustível. Decorridos cinco anos de pesquisa, finalmente consegui produzir, em laboratório, o produto que atendia a essa expectativa. O problema estava em testar sua eficiência através de um projeto-piloto e, por último, produzi-lo em escala industrial e assim iniciar sua comercialização. O resultado desse processo foi a implantação do projeto-piloto, através de incubadora de base tecnológica. Nesse momento, estou preparando um novo plano de negócio para explorar o projeto em escala industrial e comercial. Na fase de desenvolvimento do projeto na incubadora, contei com recursos financeiros próprios, complementados com capital aportado por um investidor-anjo. O grande desafio agora é criar a empresa para explorar comercialmente o produto, que demanda investimento inicial da ordem de 2 milhões de reais em ativos e capital de giro – diz ele.

– Como deu para perceber, tive de superar diversos desafios para chegar até esse ponto. Além do desconhecimento sobre gestão empresarial, enfrentei a questão de como financiar o projeto-piloto no montante de 200 mil. Para realizar esse investimento, utilizei minha poupança de 150 mil , que estava destinada à aquisição da minha casa própria (até então morava com meus pais). O restante dos recursos foi aportado por um amigo empresário produtor de açúcar e álcool, na condição de investidor-anjo. Somam-se a esses desafios outras dificuldades como capital de giro inicial insuficiente; não levar em conta quais são as reais necessidades operacionais do empreendimento; perder o senso de realidade; aversão ao risco; perder o foco no negócio principal; falta de habilidade em gestão de negócios; pouco conhecimento do negócio; avaliação equivocada do tamanho ou do potencial do mercado; crescimento incompatível com a estrutura de produção ou vendas; subestimar ou desconhecer os concorrentes; mau relacionamento com os subordinados; desavenças entre os sócios; escolher sócios sem definir critérios de escolha relevantes; pressões da família para manter o emprego e evitar os riscos do próprio negócio; relacionamento inadequado com fornecedores; produto inovador e específico, dirigido a poucos clientes; dependência tecnológica completa para operar etc – relata Mark.

Finalizada a exposição de Mark, foi a vez de Giovanna falar:

– Em nossa primeira reunião, disse que sempre gostei de culinária e adoraria criar algum negócio nessa área. Queria ganhar dinheiro para atender as minhas necessidades. Antes de elaborar o plano de negócio, que iria dar suporte ao meu sonho empreendedor, estipulei três condições que serviriam de orientação geral para a escolha do ramo de negócio: o que sei, o que gosto de fazer e com baixo investimento inicial. Com base nessas premissas e após muita reflexão, decidi entrar no negócio de pães e doces do tipo "gourmet", aproveitando minha cozinha residencial, que dispunha de grande espaço e equipamentos domésticos de culinária. Depois de penar para abrir a empresa (muita burocracia!), iniciei o negócio com a receita de pão de mel de minha mãe. Para saber se o produto teria aprovação dos futuros clientes, elaborei um lote experimental e presenteei meus familiares mais próximos para que eles degustassem o doce e dessem sua opinião. Com grande satisfação, recebi um retorno positivo de todos. Esse fato motivou-me a continuar o projeto – conta entusiasmado.

– O passo seguinte foi brindar os amigos com os pães em ocasiões especiais. Depois, investiria na criação de uma marca, no registro no Instituto Nacional de Propriedade Industrial (INPI) e no site para divulgar o produto. Para aprimorar meus conhecimentos, adquiri e consultei muitos livros e revistas e frequentei cursos de culinária que ensinavam a fazer produtos diferenciados. Criei doces personalizados, como pães de mel, bolos gelados, bombons, tortas doces especiais, minibolos, *cupcakes*, *cheesecakes*, trufas e ovos trufados, bem-casados, macarrons e doces para festas infantis. Iniciei a confecção de produtos específicos para cada época do ano: ovos de chocolate na Páscoa, panetones no Natal e ofereci também para promotores de eventos – explica Giovanna.

– Atualmente, vendo em torno de 1000 unidades por mês, com picos de demanda em datas festivas. O próximo passo é montar uma cozinha profissional em local fora da minha residência, adquirir equipamentos para produção industrial, diversificar a linha de produtos, expandir o negócio, contratar e treinar pessoas para trabalhar na produção, nas vendas e na administração geral e, principalmente, na gestão financeira – que não domino e não gosto. Dessa forma, pretendo atingir a produção de 10.000 unidades por mês em três anos, tudo de acordo com meu plano de negócio, mesmo indo bem, tive dificuldades – pontua Giovanna.

– Como vocês puderam observar, tive de seguir meu calvário para chegar até esse ponto. Minhas principais dificuldades foram: excesso de vendas a prazo;

falhas no sistema de cobrança; falta de ousadia ou de ímpeto nas vendas; falhas no controle de qualidade dos produtos; elevados estoques de matéria-prima e de produtos acabados; achar que o êxito depende da ideia e não da execução; fazer o negócio depender das necessidades familiares e das suas ambições materiais; não acompanhar e analisar as mudanças do mercado e da legislação; preços de venda irreais; não me adaptar às necessidades dos clientes; reclamações da família com minha ausência; problemas com a saúde devido ao esgotamento; relacionamento impróprio com clientes ou clientes potenciais – finaliza Giovanna.

Após o relato de Giovanna, foi a vez de Rose contar sua experiência.

– Sempre foi minha aspiração montar meu negócio na comunidade localizada na Vila Ângela, a fim de atender os moradores do local, que pertencem, na maioria, à classe C. Por conveniência e valores, eles preferem serviços situados em locais próximos de suas casas. Devido a esse fator, foi importante dar especial importância à escolha do ponto de venda – conta.

– Observei que as jovens estavam dispostas a investir em serviços de beleza e estética para se apresentar bem em seu trabalho e para frequentar os bailes populares da região. Para atender a essa necessidade, elas tinham de se deslocar para fora da região, o que demandava muito tempo. Com base nesse fato, percebi a oportunidade de abrir um salão de beleza e estética e, para tanto, realizei o plano de negócio, diferenciando-o das grandes redes de serviço massificadas ao oferecer um atendimento pessoal e personalizado. Iniciei o negócio na garagem de casa, após a venda do meu carro, oferecendo serviços básicos a preços acessíveis, tais como corte, lavagem, pintura, secagem, escova e hidratação de cabelos, desenho de sobrancelhas e cílios, relaxamento capilar, tonalização capilar temporária, restauração de cabelos danificados, desgastados e enfraquecidos, manicure, pedicure, maquiagem, alisamento, bronzeamento a jato, depilação, massagem estética e redutora, drenagem linfática, clareamento de pelos etc. Em cada atendimento, a cliente passa por todas as etapas do tratamento, tendo a oportunidade, se desejada, de ser também maquiada – aponta Rose.

– O investimento inicial foi de R$ 15 mil, gastos na aquisição de equipamentos básicos e instalações (cadeiras e bancada com espelho, lavatório, secador, tesouras, alicates, pentes, escovas, equipamento para manicure e pedicure, depilador, conjuntos para maquiagem, depilação e estética, mesa e cadeiras para manicure, aparelhos de TV, equipamento de hidratação, estufa para esterilização etc.) e pequeno estoque de produtos para aplicação nos serviços – diz.

– O sucesso da iniciativa foi tão grande que, decorrido o primeiro ano após o início de funcionamento, tive de ampliar o negócio. Aluguei uma área com o dobro do espaço inicial e estabeleci parcerias com quatro profissionais (que recebem uma comissão por atendimento efetuado), uma manicure, duas cabeleireiras, que também são uma espécie de "vitrine" dos tratamentos e geram a propaganda boca a boca. Completei esse grupo com uma especialista em estética corporal e facial para atender a oferta de novos serviços nessa área, sem utilizar nenhum procedimento invasivo. A expansão realizada não atende mais ao crescente movimento de clientes e já penso em uma segunda ampliação para melhorar o atendimento.

– Os negócios estão indo bem, mas meus maiores desafios foram desconhecimento de todas as etapas do negócio; envolvimento da família; falta de planejamento e controle financeiro; negociação ineficaz de preços e prazos das compras; empreender sem assumir o impacto que isso teria sobre meu equilíbrio na vida; diagnóstico inicial do negócio errado. Além disso, acabei pensando na empresa somente para atender minhas próprias necessidades pessoais e a de meus familiares e cometi má gestão de questões trabalhistas e falhas na prestação de serviços aos clientes – pontua.

Bia, que acabou optando por não participar de todas as reuniões, também estava presente. Ela justificou que sua decisão estava fundamentada no fato de que se considerava com pouca maturidade e experiência para enfrentar os diversos passos que foram apontados na primeira fase do bate-papo.

– Embora tenha concluído o curso de administração, procurei emprego dentro da minha área de formação durante seis meses, mas não tive êxito. Em certo momento, conversei com meu professor de estratégia sobre minha dificuldade e ele sugeriu que tentasse abrir uma franquia. Explicou que, dessa forma, eu poderia adquirir uma boa experiência empresarial, que serviria para, no futuro, montar meu próprio negócio. Falei com meu pai sobre o assunto e ele me incentivou a pesquisar franquias de negócios que pudessem atender minhas necessidades. Entrei em contato com Associação Brasileira de Franchising (ABF) para obter informações sobre diversas franquias. Depois de muita reflexão, resolvi propor a meu pai um investimento em uma franquia de agência de viagens para comercializar passagens aéreas nacional e internacional, cruzeiros marítimos, fluviais e lacustres, reserva de hotéis e traslados, excursões e seguro viagem – argumenta Bia.

– Para viabilizar financeiramente o negócio, investi aproximadamente 50 mil. Esse montante de capital foi composto com recursos da venda do meu carro e complementado por meu pai, "paitrocínio". Durante o primeiro ano de funcionamento, contei com o apoio financeiro do meu pai para bancar minhas despesas pessoais. Para operacionalizar o negócio, agreguei como parceiros minha mãe e meu irmão. Nesse momento, já posso afirmar que a rentabilidade do negócio é interessante a ponto de não precisar da mesada e de estar amortizando o empréstimo concedido pelo meu pai. Com essa experiência empresarial, me senti motivada a continuar a perseguir meu sonho de montar um negócio próprio e já estou elaborando o plano de negócio cujo ramo ainda é segredo (risos), brinca Bia.

– Como vocês, também encarei diversos desafios para chegar até aqui. Entre os mais importantes, foram falta de experiência como empreendedora; empreender com um motivo, mas sem motivação; necessidade de muita dedicação, esforço e disponibilidade de tempo; falta de conhecimento; sociedade com parentes; mau controle ou planejamento de impostos e taxas; acúmulo de dívidas; contratação e manutenção de pessoas erradas na equipe; falhas na promoção ou manutenção da imagem da empresa etc.

Após a exposição dos participantes, Irani e Reinaldo passaram a analisar e comentar os projetos dos participantes. Iniciaram explicando que os problemas e desafios informados podem ser denominadas como: "As principais falhas do empreendedor", que serão mostradas no capítulo a seguir.

Como identificar
e combater as principais falhas

– **Os primeiros** anos de vida dos pequenos negócios são os mais críticos, devido à significativa taxa de mortalidade observada nesse segmento econômico. Dentre os que contribuem para esse resultado perverso, sobressaem os graves problemas financeiros decorrentes, principalmente, da falta de conhecimentos e habilidades em educação financeira por parte dos empreendedores. Das principais causas e razões para o fechamento das empresas de pequeno porte, destacam-se, entre elas, aquelas relacionadas à educação financeira deficiente do empreendedor, demonstrando sua importância para elevar o grau de sobrevivência desse segmento empresarial – inicia Irani. – Podemos acrescentar a essas causas a interação inapropriada entre os recursos financeiros particulares do empreendedor e os da empresa, ou seja, não separar suas despesas particulares das despesas de seu empreendimento – pontua.

> Considerando o fato de que a maioria das empresas de pequeno porte é de origem familiar, geralmente o empreendedor retira recursos financeiros da empresa para efetuar o pagamento de suas despesas particulares, o que acarreta a descapitalização do negócio.

– Um dos pilares da boa gestão da empresa familiar é a separação entre as questões financeiras de ordem familiar, patrimonial e empresarial. Portanto, o primeiro passo é verificar se a situação descrita está ocorrendo em seu negócio e proceder uma imediata e gradativa separação entre a sua conta bancária particular e a da empresa. Para a cobertura dos gastos particulares, o empreendedor deve planejar uma moderada retirada de recursos a título de pró-labore. Essa importância é determinada com base nas condições financeiras da empresa, desconsiderando as despesas do empreendedor e de sua família. Se for insuficiente, você deverá completar com a distribuição de lucro. Os valores de sua retirada programada, além do pró-labore, não podem ser maiores que esse montante de lucro para não descapitalizar a empresa. É importante lembrar que é prudente deixar uma parte dos lucros gerados para a realização de futuros investimentos – aponta Irani.

– Um dos principais problemas observados na gestão financeira dos pequenos negócios está relacionado com a inexistência de informações corretas sobre a real situação financeira, gerando dificuldades de planejamento e controle financeiro de suas atividades. Outra inquietação constante dos empreendedores, que aspiram progredir, é a redução inteligente e constante dos custos associados as suas atividades. A lucratividade empresarial depende, em grande parte, dos custos e despesas necessárias ao desenvolvimento de suas atividades. Como já tínhamos informado a vocês, o lucro é determinado pela diferença entre o preço médio de mercado praticado pelos concorrentes e os custos da empresa. O primeiro é uma variável fora de controle da empresa, porque se trata de uma imposição de mercado, porém os custos são uma variável que pode ser parcialmente controlada pelo empreendedor. Dizemos isso porque os custos estão (ou deveriam estar) associados às atividades básicas de qualquer empresa: comprar, processar, administrar e vender. A redução de custos pode acarretar deficiências nessas atividades, pois não é possível cortá-los sem eliminar ou redefinir alguma atividade básica da empresa, por isso recomendo praticar o Apontamento de Despesas do empreendedor. Em função dessa constatação, o corte de custo tem de ser feito de forma inteligente, ou seja, com foco na eliminação das atividades que não agregam valor aos negócios e na redução ou supressão dos desperdícios. Todo custo deve corresponder a algum benefício (valor) para os negócios ou, mais precisamente, para os clientes da empresa – declara Reinaldo.

– Deve-se também ter um cuidado essencial com o desperdício – daí a importância de um diagnóstico preciso das finanças da empresa – que ocorre quando os custos e as despesas são gerados por atividades que não agregam valor e que geram gastos supérfluos ou acarretam custos indiretos ao processo de fabricação ou comercialização, como a produção de produtos com defeito que exigem retrabalho, paradas desnecessárias de máquinas por falta de planejamento da produção, subutilização de equipamentos no comércio, entre outros casos – completa Irani.

Para manter ou elevar a competitividade e melhorar e incrementar o lucro, é de fundamental importância que o empreendedor conheça e controle a estrutura de custos de sua empresa.

– Não é necessário muito esforço para adivinhar que a maior parte dos empreendedores fracassa no alcance desse objetivo simplesmente pelo fato de que o dinheiro acaba antes da empresa superar seu ponto de equilíbrio financeiro, quando as entradas de caixa provenientes das vendas superam as saídas representadas pelas despesas – continua Reinaldo.

– Nesse período é comum a empresa não gerar caixa suficiente para pagar suas despesas, incluindo o pró-labore dos sócios. Nos estágios iniciais de uma empresa, o empreendedor vai somente gastar dinheiro antes do surgimento do fluxo de caixa positivo. Devido a isso, aparecem duas questões comuns para empresas em fase inicial: Qual é a sua reserva financeira? Qual é o prazo em que essa reserva acaba? Para calcular o montante de reserva financeira necessária para atender o período em que o caixa é negativo, é importante elaborar um fluxo de caixa para saber por quanto tempo o saldo de caixa será negativo e qual é o valor acumulado desse saldo. Esse montante representa quanto de recursos financeiros o empreendedor deve ter em caixa para iniciar o negócio. Para minimizar a possibilidade da ocorrência dessa situação, gaste o mínimo possível. Só contrate alguém ou algum serviço se for necessário para viabilizar o negócio. Tente testar primeiro a aceitação de seu produto ou serviço, antes de atacar o mercado – finaliza Reinaldo.

– Outra questão fundamental e muito comum é a insuficiência de capital de giro – declara Irani.

> A gestão ineficiente do capital de giro é uma das principais causas do fechamento dos pequenos negócios no Brasil. De forma geral, ele representa cerca de 50% dos investimentos realizados nas empresas e 30% dos financiamentos totais.

– Esses recursos financeiros servem para atender às necessidades operacionais do dia a dia de um empreendimento, tais como comprar matéria-prima, mercadorias, pagar empregados, recolher impostos, investir em estoques e recebíveis etc. Esse fato ocorre por duas razões básicas. A primeira é que o empreendedor pode não ter levado em consideração o montante de capital de giro necessário na fase de elaboração do plano de negócio. A segunda é o fato de não dimensionar de forma precisa seu valor e como financiá-lo, o que gera, na maioria das vezes, a necessidade de tomar recursos bancários, pagando elevados juros e tornando o negócio inviável a médio e longo prazos – alerta o professor.

– Quando a necessidade de capital de giro for tratada inadequadamente pelo empreendedor, poderá afetar a capacidade de pagamento da empresa e comprometer a liquidez, a rentabilidade e a continuidade do negócio – aponta Irani.
– A necessidade de capital de giro aumenta por práticas de gestão não aconselháveis, tais como descontrole na liberação de crédito aos clientes; excesso de vendas a prazo ou prazos de vendas muito longos; falhas no sistema de cobrança; negociação insatisfatória de taxas de juros e prazos de empréstimos etc.

– Para minimizar os efeitos dessas práticas financeiras impróprias, sugiro a adoção das seguintes medidas: reduzir o volume de vendas e o prazo de financiamento dos clientes, mantendo a competitividade em relação aos concorrentes; reduzir os estoques (aumentar o giro) de matérias-primas, componentes, materiais, produtos em elaboração e produtos acabados (indústria), mercadorias (comércio), material, produtos e 'estoque' de horas disponíveis (serviço); negociar maior prazo de pagamento com fornecedores e, se possível, concentrar as compras em poucos fornecedores; negociar maior prazo de pagamento dos empréstimos (trocar a dívida de curto prazo por financiamentos de médio prazo) e, se possível, trabalhar com poucos bancos; reduzir ou eliminar custos improdutivos e reduzir o desperdício etc. – justifica Irani.

– Sem dúvida nenhuma, o grande vilão da gestão financeira ineficiente é o acúmulo de dívidas provenientes de empréstimos, que, muitas vezes, não produzem o retorno esperado devido ao pagamento de taxas de juros elevadas. Essa situação demonstra que o empreendedor deve sempre procurar atingir o equilíbrio adequado entre o capital próprio e aquele obtido de terceiros, contraído por meio de operações de empréstimos no mercado financeiro. Atingir esse objetivo exige que o empreendedor tenha um bom controle financeiro das despesas e competência mercadológica para não perder clientes para a concorrência – informa Reinaldo.

> **Quando há desequilíbrio entre a proporção de capital próprio e o capital emprestado de terceiros, o empreendedor, na maioria das vezes, põe em risco a segurança financeira dos negócios .**

– Vou apresentar alguns sintomas que indicam o possível nível de endividamento excessivo de uma empresa: aumento das despesas financeiras oriundas de empréstimos bancários sem o aumento proporcional nas vendas; ampliação do endividamento com fornecedores em decorrência de renegociações sucessivas pela falta da capacidade de pagamento dos débitos na data de vencimento; aumento do endividamento bancário devido ao refinanciamento de dívidas contraídas e não pagas na data de vencimento; atraso ou não pagamento de impostos, contribuições e taxas municipais; atraso ou não pagamento de salários e contribuições sociais dos empregados; demissões de empregados capacitados para redução das despesas e aumento no número de ações trabalhistas; redução sistemática da margem de lucro e, por consequência, redução no pró-labore e na distribuição dos lucros aos sócios; necessidade de realizar uma sistemática redução de custos produtivos; baixo nível de investimento em novos ativos operacionais visando a ampliação e a modernização do negócio; venda de ativos operacionais para o pagamento de despesas correntes; desequilíbrio financeiro devido ao aumento da necessidade de capital de giro desproporcional ao acréscimo do nível de atividade – declara Irani.

> Quando uma empresa enfrenta dificuldades financeiras, o caminho certo para solucionar essa situação consiste em realizar um plano para o pagamento das dívidas. É importante reconhecer como e quando as dívidas foram geradas. Elas, de alguma forma, precisam ser amortizadas para que não sejam cobradas judicialmente pelos credores e prejudiquem a imagem da empresa no mercado.

– Reinaldo, vamos falar agora sobre outra falha, composta por despreparo gerencial e pessoal do empreendedor? – propõe Irani.

– Claro, Irani. A falta de experiência no negócio escolhido é uma das principais causas do mau desenvolvimento do projeto empreendedor. Quando um novo empresário entra no mundo dos negócios, deve saber que vai enfrentar uma série de novos desafios e obstáculos em seu trabalho diário. Ele pode dar um passo errado ou tomar uma decisão equivocada devido à falta de experiência no campo específico e, eventualmente, pode falhar na implementação do novo negócio. Sem familiaridade e compreensão do setor, os empreendedores podem passar por tempos difíceis – destaca Reinaldo.

– Soma-se a essa causa o fato de que a maioria dos potenciais empreendedores tem pouca ou nenhuma experiência e conhecimento na gestão de negócios. O conhecimento e a experiência adquiridos na escola e no exercício de alguma profissão não serão suficientes para iniciar e gerir um negócio. Na verdade, essas experiências têm muito pouco a ver com aquelas necessárias para alcançar sucesso na carreira empreendedora. Você pode ser o melhor chefe de obras civis do mundo, mas isso não significa que vai ter sucesso ao criar e gerir uma empresa de construção de casas populares. Mesmo que tenha trabalhado como chefe de obras em uma grande empresa, seu conhecimento e experiência sobre o gerenciamento de uma empresa são aqueles vistos pelos olhos de um empregado. Você ainda não adquiriu a capacidade de administrar uma empresa como empreendedor e proprietário do negócio. Nessa condição, precisa se capacitar e ter experiência em áreas-chave de uma empresa: estratégia, *marketing*, finanças, operações, vendas, pessoas, liderança, negociação etc. – diz ele.

– Quando falta ao empreendedor conhecimento e experiência no negócio, ele tem de compensar com paixão, energia, impulso e iniciativa. Esse conjunto de comportamentos e atitudes é conhecido como "espírito empreendedor". A falta de experiência no ramo de negócio escolhido não significa necessariamente que o empreendedor não deva iniciar um negócio, e sim que deve esperar até que tenha desenvolvido um conhecimento considerável do setor em que pretende atuar, o que pode ser obtido por meio de conversas com outros donos de empresas do mesmo setor, que podem dar conselhos práticos sobre os custos iniciais, as projeções de receita, experiência na gestão de uma empresa etc. – aconselha Reinaldo.

– Pelos relatos apresentados por vocês, percebi que todos estão impregnados por esse espírito empreendedor e, por isso, foram capazes de suplantar diversos desafios, sem deixar de lado a necessidade de conhecer melhor todos os ramos de negócio escolhido, e procurar formas de aperfeiçoamento em gestão de empresas. Acredito que vocês poderão complementar as características do "espírito empreendedor" através da contração de consultores ou mentores com conhecimento e experiência em alguma área específica, tal como fez o Alê ao contratar um consultor de franquias para assessorá-lo no modelo de expansão de seu negócio. O Sistema Sebrae e algumas entidades empresariais oferecem aos empreendedores consultoria especializada para começar um negócio. Além disso, advogados e contadores podem proporcionar aos empresários informações valiosas sobre as regras do governo, registro de marcas e patentes, regulamentos, zoneamento e outras questões contábeis e legais. Muitos desses profissionais também podem criticar propostas de planos de negócios e ajudar a determinar qual é a forma jurídica mais adequada para sua empresa – pontua.

– A maioria dos empreendedores concorda que iniciar um pequeno negócio é um empreendimento arriscado. Eles não devem só aplicar tempo e energia nos estágios preliminares de uma empresa, mas também estar cientes de que sua reputação pode ser prejudicada se o negócio falhar. Além disso, se uma empresa não é bem-sucedida, existe a possibilidade de os empresários terem de recorrer ao encerramento ou falência do negócio. Com isso, acabam perdendo uma boa quantidade do dinheiro investido. Os primeiros anos de uma empresa são considerados um momento muito importante para os empresários. É necessário avaliar os diferentes riscos envolvidos, planejando e implementando os meios para minimizá-los. Outra falha comum é empreender com um motivo, mas sem motivação, conforme foi afirmado pela Bia. Sabemos que, para ter sucesso, o empreendedor deve ser dotado de real entusiasmo e criatividade. Muitas pessoas estão dispostas a começar um negócio simplesmente para obter retorno financeiro sem ver além desse ganho monetário.

> Aqueles que alcançam o sucesso geralmente são entusiasmados com o empreendedorismo e têm a confiança de que seus produtos e serviços são o que as pessoas querem.

– Além disso, tendem a ter um sentimento de que o empreendimento por eles abraçado pode contribuir para um mundo melhor. Esse otimismo inabalável e a paixão pela empresa é a motivação real por trás do sucesso contínuo – esclarece Reinaldo.

– Empreendedores de sucesso e hoje conhecidos mundialmente pelo sucesso obtido em seus negócios, como Bill Gates, da Microsoft, Steve Jobs, da Apple, Larry Page e Sergey Brin, da Google, e o fundador do Facebook, Mark Zuckerberg, não só produziram tecnologias revolucionárias em seus negócios, mas também mudaram a forma de trabalhar e interagir das pessoas. Por isso, tornaram-se fenômenos culturais. Se seu único objetivo é ganhar dinheiro com seu negócio, talvez não seja interessante criar uma empresa, porque você não vai conseguir empreender com sucesso. O processo empreendedor é muito doloroso e incerto, com altos e baixos, como uma montanha-russa emocional. Criar uma empresa só funciona se houver paixão e visão para criar um produto ou serviço para transformar a vida das pessoas.

Só então você vai passar pelo processo e sobreviver. Caso contrário, vai parar, porque verá a dificuldade antes do dinheiro. Muitos empreendedores podem perceber que a gestão real de uma empresa é diferente daquilo que inicialmente imaginavam, pois não terão maior disponibilidade de tempo ou uma vida mais confortável e livre de pressões. Ser empresário significa estar disposto a suportar grande sacrifício, dedicar muito esforço e horas extras de trabalho para obter sucesso – diz.

Ao se lembrar de uma boa observação de Mark, Reinaldo disse:

– O Mark abordou uma questão muito interessante sobre a aversão ao risco como um dos desafios que enfrentou. A maioria dos empreendedores desenvolve maneiras importantes para limitar os riscos potenciais em que incorrem ao iniciar um novo empreendimento. A imagem do empresário aventureiro e ansioso para correr riscos não é verdadeira, na maioria dos casos. Eles são mais propensos a manifestar traços cautelosos do que a população em geral. Em alguns casos, são ainda mais avessos ao risco (do que o normal) e, mesmo assim, continuam assumindo-os. O mito de que o empreendedor é aquele que assume riscos é parcialmente correto. Temos de completar essa frase incluindo a palavra "calculado". Isso significa que o empreendedor assume riscos somente depois de avaliar profundamente a situação atual e futura do contexto em que seu negócio vai ser desenvolvido – aponta.

E continua Reinaldo:

– Em sua experiência empreendedora, uma pessoa lida com duas dimensões de incerteza: aquela relacionada ao comportamento do mercado e a incerteza sobre a sua capacidade de planejar, implementar e gerir um novo negócio. Como todas as pessoas, o empreendedor abomina os riscos incontroláveis, mas confia em sua capacidade para lidar com os riscos calculados. Ele aceita esse fato como parte do jogo e, em seguida, trabalha duro para reduzi-los ao mínimo. Compensa sua aversão ao risco com a confiança em suas habilidades empreendedoras e o conhecimento do negócio e do mercado em que vai atuar. O problema é que muitas vezes eles superestimam essas habilidades e aumentam a possibilidade de tomar decisões erradas, que vão provocar impactos negativos nos resultados do empreendimento. O processo em si parece simples: olhe para as informações que você tem, decida o que é uma quantidade aceitável do que você está disposto a arriscar para tentar algo, envolva outras pessoas para ajudá-lo a superar os riscos e pague para ver o que acontece. Entenda melhor os riscos e administre-os de acordo com suas opções de cursos de ações para eliminar ou minimizar os impactos negativos.

> Em um empreendimento com resultados incertos, reflita sobre estas duas regras de ouro: não pagar ou apostar mais do que você pode e esperar como retorno e não pagar ou apostar mais do que você pode se dar ao luxo de perder.

– Essas regras podem ser resumidas na frase "defina sua perda aceitável", um conceito no qual você deve considerar o potencial negativo de qualquer risco que esteja prestes a assumir, como iniciar uma nova empresa ou algum outro empreendimento, que vai consumir muito de seu tempo, capital ou ativos. Defina o que é aceitável perder em termos de dinheiro, tempo, reputação profissional, patrimônio pessoal etc., caso a experiência empreendedora não saia da maneira esperada – finaliza Reinaldo.

– Outra falha comum é perder o foco no negócio principal – diz Irani.

– O surgimento de novas oportunidades, mesmo quando lucrativas, podem significar distrações indesejáveis para o empreendedor e o foco no negócio principal sofre com o resultado. É necessário ter certeza de que você está centrado na entrega dos melhores produtos ou serviços que pode oferecer, evitando expandir seu negócio através de uma série de ofertas diferentes e muito dispersas. Aplicar tempo e recursos para desenvolver novas áreas pode significar deixar de lado as áreas centrais de seu negócio e, agindo dessa forma, a qualidade e consistência dos produtos ou serviços principais resultam insatisfatórias. Funcionários contratados inicialmente por causa do interesse em seu campo original do negócio podem não ter o conhecimento e entusiasmo para obter sucesso em novas áreas, e o empreendedor também pode encontrar dificuldades para se mover em territórios desconhecidos – destaca Reinaldo.

– Utilizar o tempo disponível para aperfeiçoar e aprender mais sobre o produto ou serviço que diz respeito a seu negócio central torna o empreendedor um especialista tanto em termos de conhecimento como das preferências do cliente. Ao executar cada nova ideia, tenha sempre em mente a visão de futuro para o negócio e mantenha qualquer expansão totalmente alinhada a ela. Pense sistematicamente por que seus atuais clientes compram seus produtos ou serviços. Não se afaste do que você sabe fazer bem e no que é bom, se quiser expandir sua gama de produtos. Apenas desenvolva produtos ou serviços que sejam semelhantes ou complementares aos que você já comercializa, com a vantagem de permitir a venda cruzada aos clientes existentes. Diversificar sua atual linha de produtos e serviços ou o mercado é uma estratégia de crescimento que só deve ser adotada após a consolidação da fase de introdução e crescimento de suas ofertas originais e nos mercados previamente estabelecidos com alvo em seu plano de negócio – pontua.

A próxima falha vai apontar sobre a falta de ousadia dos empreendedores, que foi apontado pela Giovanna.

– Nessa situação, o empreendedor tem duas alternativas: desistir do negócio ou arrumar alguém, na condição de sócio ou funcionário, para desempenhar essa importantíssima e fundamental função empresarial – destaca Irani.

> Para estar verdadeiramente motivado, o empreendedor deve ser capaz de lidar com os altos e baixos do ciclo de venda para que não desanime e desista. Essa atitude sempre vai desempenhar o papel enorme de ajudar você a atingir suas metas e construir o negócio e a vida que deseja.

– A maioria das pessoas acha que a motivação é algo exterior a si mesmo, algo que acontece espontaneamente. Por essa razão, os empreendedores e seus resultados de vendas são severamente prejudicados ao longo da vida útil do negócio. Um empresário campeão de vendas não se incomoda com o que alguém faz ou diz e escolhe seus próprios níveis de motivação, sem se importar se a vida vai do jeito que ele quer ou não. É essa escolha que o diferencia e o define como uma estrela de vendas. Quando desmotivado, não define metas ambiciosas de vendas. Para superar essa deficiência, o empreendedor deve definir objetivos de vendas desafiadores, mesmo sabendo que terá dificuldade de atingi-los e que servirão para desenvolver e melhorar seu desempenho ao longo do caminho. Uma das melhores formas de motivar a si mesmo é investir em sua própria capacitação e desenvolvimento pessoal, realizando um treinamento na área de vendas. Finalmente, lembre-se de que, embora um empreendimento possa ter um produto ou serviço eficiente, funcional, bonito e com preço atraente, se ninguém souber sobre ele ou ninguém o comprou, ele vai permanecer para sempre no fundo do baú empoeirado de sua empresa – diz Irani.

– Outra falha refere-se à importância do controle de qualidade dos produtos ou serviços. Todas as empresas devem ter um conjunto mínimo de padrões de qualidade que precisam ser implementados e avaliados permanentemente. Esses padrões são as medidas cuidadosamente planejadas para garantir que os produtos e serviços oferecidos aos clientes sejam confiáveis e que realmente atendam a suas necessidades. O controle de qualidade é formado por procedimentos utilizados para garantir que os padrões de qualidade sejam cumpridos. Se um produto ou serviço não atende aos requisitos mínimos de qualidade, o empreendedor deve desenvolver mudanças nos procedimentos. Tenha em mente que o cumprimento das normas mínimas não garante excelência em qualidade para o cliente. Em algumas empresas, os padrões mínimos exigidos de qualidade são insatisfatórios, pois realizam apenas o necessário para produzir e comercializar um produto ou serviço seguro, mas isso não significa que ele é um bom produto. A qualidade de um produto pode ser medida em termos de desempenho, confiabilidade e durabilidade. Ferramentas de gestão de qualidade garantem mudanças nos sistemas e processos que resultam em produtos e serviços superiores, garantindo a eliminação de defeitos e incorporando mudanças contínuas e melhorias no sistema de produção e vendas. Produtos e serviços de qualidade garantem a sobrevivência do empreendimento em relação à concorrência devido à fidelização de clientes. Um cliente somente voltará a adquirir produtos ou serviços de sua empresa se estiver satisfeito com a experiência da compra – alerta ele.

– As más notícias correm rápido, principalmente no mundo dos negócios – afirma Irani. – Um cliente insatisfeito com a qualidade de um produto ou serviço oferecido por determinada empresa pode contar para dez de seus amigos. Em seguida, estes contam para mais dez outros amigos. Esse fato não pode ser ignorado pelo empreendedor. A opinião negativa sobre um produto ou serviço pode também ser disseminada na internet via Facebook ou Twitter e influenciar milhares de clientes potenciais em curto espaço de tempo. A gestão da qualidade ajuda o empreendimento na redução do desperdício e do acúmulo desnecessário de estoque de matérias-primas e produtos acabados, abordados na explanação da Giovanna.

Irani e Reinaldo abordam, então, a questão do estoque para um empreendedor.

– Um desafio enfrentado por muitos proprietários de pequenas empresas é a manutenção de um estoque adequado. Ao contrário das grandes empresas, as de pequeno porte raramente podem ser dar ao luxo de ter espaço de armazenamento abundante ou disponibilidade de capital de giro. Devido a isso, os proprietários devem estar vigilantes para garantir que não fiquem sem itens-chave ou acumulem estoques desnecessários. Diversos são os fatores que contribuem para o acúmulo de estoques e que devem ser objeto de atenção por parte dos empreendedores. Dentre esses fatores, podemos citar a falta de planejamento que pode levar ao controle de estoque insuficiente, especialmente em negócios sazonais – diz Reinaldo.

– Outro erro de planejamento é o de não fazer um esforço para se livrar das mercadorias de baixa movimentação para abrir espaço para novos produtos de maior rotação. Mais um fator que compromete a gestão adequada de estoques é a ausência de acompanhamento da movimentação dos itens mais importantes. As pequenas empresas que não usam métodos de controle de estoque nem sempre podem tomar as medidas corretivas necessárias para gerir os níveis mais adequados e, dessa forma, evitar o acúmulo ou falta de mercadorias, produtos acabados ou matérias-primas. Por último, não podemos esquecer de que muitos proprietários de pequenas empresas não se mantêm informados sobre as mudanças no mercado e podem, com essa atitude, estar mantendo estoques obsoletos que não atendem às necessidades dos clientes.

– Uma das falhas mais recorrentes no mundo dos empreendimentos é a falsa percepção do empreendedor de que ter uma boa ideia é o suficiente para ter sucesso nos negócios. Essa condição, se não for acompanhada de dois outros passos do processo empreendedor, pode levar a iniciativa ao fracasso. Refiro-me a ter um bom plano de negócio que detalhe a ideia e, principalmente, ter foco na execução do plano. A grande maioria dos candidatos ao empreendedorismo falha por não ter comprometimento e competência para executar um plano de negócio viável e consistente. Na maioria dos novos negócios, há uma "lacuna de execução" entre o plano e os resultados, que é onde está o verdadeiro trabalho a ser feito e onde o valor é criado para o negócio – diz.

– Uma das questões clássicas do processo empreendedor está ligada a dois tipos de empreendedorismo: por necessidade ou por oportunidade. Algumas pessoas que empreendem por necessidade o fazem para atender algumas situações de desemprego, complementação de renda familiar etc., outras optam pela carreira empreendedora por oportunidade, identificando um nicho de mercado potencial no qual acreditam que seus empreendimentos possam se beneficiar de um investimento e ter lucro. O caso apresentado pela Giovanna pode ser caracterizado como exemplo de uma iniciativa empreendedora por necessidade de gerar renda familiar em decorrência de um divórcio. Pesquisas demonstram que o empreendedorismo por necessidade acumula maiores probabilidades de insucesso. Nesse tipo de empreendedorismo, não são realizados diagnósticos e planejamento adequados sobre a viabilidade de mercado e financeira. Em geral, demandam menos recursos financeiros devido a pouca complexidade de sua atividade operacional e tecnológica. Os resultados positivos obtidos pela Giovanna são uma exceção, embora ela tenha enfrentado muitas dificuldades para suplantar seus desafios. Contribuiu para esse desempenho o fato de ela ser audaciosa, comprometida e apaixonada por seu sonho empreendedor – destaca Irani.

– Já Rose citou como problema o fato de ter tido dificuldade para assumir o impacto que seu negócio próprio gerou sobre a sua vida. Não é nenhum segredo que, quando uma pessoa deseja montar e manter um pequeno negócio, é normal perder alguma qualidade de vida com os esforços para alcançar o sucesso – pontua ele.

> Há uma verdade incontestável no campo do empreendedorismo: iniciar um novo negócio de sucesso é reconhecer que são necessárias duas condições: trabalhar de forma inteligente e trabalhar muito – realmente muito.

– É uma grande falácia imaginar que ter um negócio próprio vai libertá-lo da pressão da chefia ou garantir mais tempo para o lazer – afirma Reinaldo.

> A capacidade de encontrar o equilíbrio entre o trabalho e a melhor qualidade de vida é o maior desafio do empreendedor para o resto de sua vida.

– Atingir esse equilíbrio é uma tarefa muito desafiadora, que exige do empreendedor muito tempo, esforço e trabalho para construir um negócio de sucesso. Mas isso não significa que ele deva desistir da qualidade de vida pessoal. Faça isso e é provável que você seja infeliz, sendo ou não bem-sucedido na realização de um empreendimento. Para ter um mínimo de qualidade de vida, dou a seguinte dica: aprenda a responder "não" e "sim" em suas decisões com igual frequência. Seja honesto ao analisar como essas respostas afetam os funcionários, parceiros e, principalmente, a família e os amigos. É muito importante manter o controle sobre suas prioridades e evitar se valer do famoso "jeitinho brasileiro", um preceito básico de tomar as decisões complexas do jeito mais fácil, simples e com custo menor. É importante também cultivar a visão de longo prazo evitando determinar o futuro conforme as circunstâncias do dia a dia. Esse comportamento pode gerar uma situação na qual o empreendedor sinta que está 'andando em círculo', pois não tem tempo para executar suas atividades e se lamenta das dificuldades que ele mesmo fomenta, além daquelas naturais do processo empreendedor (que não são poucas!) – diz Irani.

– Outra falha interessante apontada pela Rose refere-se ao diagnóstico errado do negócio. Esse é um desacerto comum do empreendedor de primeira viagem ao analisar incorretamente as perspectivas de sucesso de seu negócio. Essa situação decorre do fato de decidir iniciar seu projeto baseado em informações precárias sobre o mercado e os potenciais clientes e concorrentes, acolhendo qualquer informação, mesmo que incerta ou insuficiente, que sancione seu sonho. O otimismo exagerado na viabilidade de seu projeto empreendedor é o primeiro passo para o fracasso. Para evitar esse comportamento danoso, é fundamental que o empreendedor faça uma autocrítica para equilibrar suas perspectivas e evitar decepções futuras. Qualquer negócio será sempre repleto de surpresas negativas que devem ser, na medida do possível, evitadas com um bom planejamento. Também é importante evitar o "efeito manada", uma das ciladas mais comuns dos empreendedores e que consiste em montar negócios baseados ou influenciados pelo que está na 'moda' no mercado, copiando aqueles empreendimentos mais comuns em determinado momento – aponta Reinaldo.

– Rose assinalou em sua apresentação outra falha grave, que consiste em explorar a empresa para atender às necessidades pessoais e familiares do empreendedor. Esse comportamento é muito comum nos casos de abertura de negócio por necessidade, em vez de fazê-lo por uma oportunidade. Qualquer empresa necessita, em diversos momentos, investir capital para crescer. Aquelas que são relativamente novas e ainda estão em fase de crescimento inicial são as que mais precisam reinvestir seus lucros ao invés de distribuí-los a seus proprietários. Se o empreendedor efetuar retiradas financeiras acima de um limite aceitável, ele vai descapitalizar seu empreendimento. Agindo dessa forma, o crescimento só será possível mediante a tomada de empréstimos. Essa decisão tem de ser muito bem avaliada antes de ser efetivada, pois possui um alto risco e custo – conclui Irani.

Os empreendedores vão comentar sobre outras falhas: desconhecimento sobre o setor e o mercado no qual o empreendedor pretende atuar.

– Cada empresa tem seus próprios concorrentes. Quando um empreendedor quer iniciar um novo negócio, ele precisa entender o mercado, os clientes e os concorrentes potenciais, a fim de competir com eles. Sem essas informações, uma nova empresa será facilmente derrubada por seus adversários – diz Irani.

– Falar da importância de conhecer o mercado em que você está entrando e pretende atuar tem surgido em diversas palestras em que estive presente. Invariavelmente, tenho respondido que é importante o empreendedor ter algum aprendizado anterior sobre o segmento operacional da nova empresa.

Esse conhecimento mínimo pode ser adquirido por meio de entrevistas com os clientes, potenciais e existentes, identificando e quantificando os problemas existentes, analisando a concorrência e seu posicionamento, observando-os em seus ambientes de compras e conversando com outros proprietários de negócios que podem aconselhá-lo sobre custos, projeções de receita e outras informações relevantes. Porém, a falta de conhecimento do setor não significa, necessariamente, que os empreendedores não devam começar um negócio. No entanto, é importante adiar o início de sua implementação até que acumulem um conhecimento mínimo sobre suas características e funcionamento, como fez a Bia porque não se sentia preparada – diz Irani.

> **Sabemos que nem todo empreendedor tem experiência anterior no setor quando lança seu empreendimento. Bill Gates (Microsoft), Steve Jobs (Apple) e Mark Zuckerberg (Facebook) também não tinham. Algumas pessoas afirmam que muito conhecimento e experiência podem até prejudicá-los, porque se tornam muito críticos, petulantes ou incrédulos em relação a tudo o que deve ser feito. Há alguma verdade nesse argumento.**

– Vou agora abordar uma questão enfrentada pela Giovanna: a fixação de preços de venda fora da realidade do mercado. Uma das políticas mercadológicas mais importantes que o empreendedor deve definir é a precificação de seu produto ou serviço. Não existe uma única ou melhor maneira para determinar sua estratégia de preços. A fixação de preços que desconsidera os praticados pelos concorrentes pode impedir o desenvolvimento do empreendimento. Se o preço for acima do mercado, sem um valor agregado ao produto ou serviço que o justifique, é óbvio que os clientes vão dar preferência a seus concorrentes. Caso o preço seja fixado abaixo da média praticada pelo mercado, o empreendedor poderá ter problemas com a redução ou perder sua lucratividade. O empreendedor deve garantir que o preço e o volume de faturamento projetados sejam adequados para manter a rentabilidade do negócio. A incerteza sobre quanto e como cobrar, além do medo de perder uma oportunidade de venda, são os principais motivos pelos quais novos empresários fixam os preços de seus produtos e serviços em níveis muito baixos. Reafirmo que o nível de preços deve manter uma estreita relação com o valor do produto ou serviço oferecido pela empresa aos seus clientes, sempre considerando os preços praticados pelos concorrentes. É também importante avaliar o posicionamento do produto ou serviço perante os concorrentes, para escolher aquele que seja o mais diferente possível para atrair os clientes – aponta Irani.

– Para maximizar sua rentabilidade, descubra quais são os benefícios que devem ser ofertados aos clientes por usarem seu produto ou serviço e quais os critérios que eles usam nas decisões de compra, como a velocidade de entrega, a conveniência ou a confiabilidade. É também importante determinar como seu produto ou serviço é compreendido pelos clientes potenciais. A prática de um preço elevado pode colaborar para a identificação de seu produto como o de maior valor agregado, atraindo o cliente para sua empresa ou afastando os mais propensos à comparação de preços. Ao definir os preços, sempre verifique se eles cobrem os custos e geram uma rentabilidade compatível com seu investimento – discorre.

Outra questão que merece ser abordada neste bate-papo está relacionada com a dificuldade apontada por Mark na comercialização de um produto inovador.

– O empreendimento desenvolvido por ele pode ser considerado uma empresa de base tecnológica (EBT) que fundamenta seu negócio na exploração comercial de novos produtos ou serviços, utilizando conhecimentos científicos e tecnológicos. Diversos fatores contribuem para a ocorrência das dificuldades apontada por Mark, como a falta de financiamento, problemas operacionais, entre outros. Mas, certamente, a maior razão é a ausência de um bom plano de *marketing*. Os consumidores não compram produtos, mas sim soluções. Os consumidores têm problemas e compram produtos ou serviços para resolvê-los. Criar um produto inovador só porque você gosta ou porque você "acha" que é necessário pode ser uma receita para o fracasso. Minha experiência tem demonstrado que o empreendedor deve comunicar, de forma eficaz, os benefícios oferecidos pelo novo produto ou serviço e, com isso, fazer os clientes potenciais perceberem sua utilidade. Um novo empreendimento deve desenvolver competências para atrair e fidelizar os clientes potenciais, fortalecendo suas ações de *marketing* mediante o desenvolvimento de um plano focado em seu mercado-alvo. Porém, muito raramente observa-se esse comportamento nos empreendedores das EBT. Estes, muitas vezes, confiam demasiadamente no potencial de sucesso de seus produtos e não priorizam as estratégias de *marketing* para atender os clientes potenciais. É evidente que a primeira tarefa é criar um mercado para seus produtos inovadores. Estudos mostram que os novos produtos falham entre 40% e 90%, dependendo da categoria, e as chances de sucesso não mudaram muito nos últimos 25 anos. Produtos mais inovadores, que criam novas categorias ou revolucionam as mais antigas, também são malsucedidos – alerta o professor.

– Nossa vivência revela que a criação de uma nova categoria é muito mais difícil porque não sabemos muito sobre o mercado quando estamos criando um novo produto. Frequentemente, os dados que temos para avaliar o mercado referem-se ao passado, mas ao criar um novo mercado precisamos de dados sobre o futuro. Um produto ou serviço inovador só será bem-sucedido se estiver direcionado para dar suporte à realização de uma ou mais tarefas que os clientes-alvo estão tentando fazer, periodicamente. A comercialização de um novo produto passa pelo entendimento de como acontece a adoção de um produto ou serviço inovador pelos clientes potenciais. Estudos mostram que grande parcela das vendas iniciais é realizada para clientes com perfil mais inovador, que buscam exclusividade, novidade, o melhor e o mais recente lançamento. Com o tempo, a quantidade dessa categoria de consumidor diminui e o número de "seguidores" cresce. Porém, raramente o mercado de clientes inovadores é grande o suficiente para que o empreendedor atinja rapidamente o equilíbrio entre a receita e a despesa em seu negócio. Além disso, os clientes seguidores não adotam imediatamente um produto inovador devido ao desconhecimento de sua existência, bem como de sua funcionalidade e benefícios – afirma Irani.

– Para superar essas dificuldades, o empreendedor deve, primeiro, desenvolver uma estratégia de *marketing* focada na atração do maior número de clientes com perfil inovador no lançamento do produto ou serviço. Esses consumidores gostam de definir tendências e são mais otimistas sobre novos conceitos e ideias. Depois de esgotar as possibilidades dessa estratégia inicial, o empreendedor deverá mudar seu plano de *marketing* e procurar conquistar os clientes seguidores. Estes não são tão otimistas e confiantes nos novos lançamentos e gostam de seguir os inovadores após a adoção do novo produto por esse segmento. No entanto, quando o foco das vendas passa ser o grupo de clientes seguidores, muito provavelmente o empreendimento vai ter anos de baixo crescimento. É essencial que vocês reconheçam esse fato em seus planos. Nenhuma empresa obtém sucesso da noite para o dia ou tem um crescimento linear contínuo (exceto alguns sortudos). Uma das falhas que pode levar o empreendedor a ter sérios problemas de continuidade em seu negócio está relacionada com a não adaptação sistemática dos produtos ou serviços da empresa às necessidades e desejos do mercado, mencionada na apresentação da Giovanna. A maioria dos empresários falha em seus negócios porque não consegue se adaptar à evolução dinâmica dos requisitos dos clientes e do mercado. Um empreendedor tem de ser rápido na tomada de decisões e alterar o curso da ação quando há uma necessidade. Não fique muito apegado ao plano ou modelo de negócio original que você desenvolveu. A maioria das startups acaba seguindo um plano completamente diferente do caminho original traçado, tendo de alterá-lo completamente em diversos momentos, em função de novos conhecimentos obtidos sobre experiências, boas ou ruins, vividas pelo empreendedor no dia a dia da operacionalização de seu negócio. Na maioria das vezes, são os clientes que vão determinar essa mudança. Não seja imprudente permanecendo em seu plano original ou visão. Startups não funcionam dessa maneira. Você tem de acompanhar as necessidades de seus clientes. Mas isso não significa que você deva começar tudo de novo cada vez que incorporar mudanças em seu plano. O que você precisa fazer, essencialmente, é construir a estrutura básica de seu negócio à medida que avança na implementação dele – revela o professor Irani.

– Uma empresa voltada para seu mercado busca conciliar continuamente seus objetivos com as necessidades e desejos dos consumidores para se manter competitiva. Por isso, as empresas procuram opções mercadológicas para idealizar novos atributos para seus produtos ou serviços e que serão percebidos como diferentes pelos clientes, tais como melhor qualidade ou novas funcionalidades. Opor-se às mudanças ou ignorar as novidades são atitudes que levam um empreendimento a perder mercado para os concorrentes. É importante que o empreendedor cultive o hábito de obter conhecimento atualizado das tendências de seu setor, mantendo um diálogo permanente com clientes, vendedores, fornecedores e frequentando feiras para se informar sobre as atividades de seus concorrentes etc. Temer as mudanças e postergar gastos para atualizar seus produtos ou serviços em relação às tendências do mercado, conforme afirmou a Rose, pode prejudicar ou estagnar o faturamento da empresa ou, até mesmo, inviabilizá-la. Concluindo, reafirmo que a manutenção da competitividade das empresas no mercado depende da habilidade do empreendedor em captar as necessidades e os desejos de seus clientes e da constante inovação de seu portfólio de produtos ou serviços – finaliza ele.

– Rose também revelou que teve problemas relacionados com a demora para iniciar seu negócio. Na maioria das vezes, essa situação está associada ao medo de errar ou fracassar, ou seja, medo de assumir riscos no meio de tanta incerteza associada ao futuro do negócio. Estudos demonstram que 64% dos potenciais empreendedores apontaram três principais motivos para não empreender: incerteza sobre a renda futura, possibilidade de falência e medo do fracasso pessoal. É uma raridade achar um empreendedor que nunca errou ou que não teve esses sentimentos negativos. Provavelmente, não acharemos nenhum. Todos "pensam" que seu produto ou serviço não vai ser tão bom quanto o que a concorrência está oferecendo. Todos empreendedores "acham" que seus clientes potenciais vão desconfiar de suas ofertas, o que provoca uma inércia prejudicial. Empreender não tem nada a ver com passar o tempo "pensando" ou procurando "achar pelo em ovo". Empreender exige confiança, coragem e ação para realizar o sonho e o plano ou modelo de negócio desenvolvido para esse fim. Muitos empreendedores gastam mais dinheiro e demoram muito tempo na busca do negócio perfeito. Para abrir um negócio não se pode ter medo de cometer equívocos ou falhar. Os benefícios para as empresas são claros quando o empreendedor supera esse comportamento e acelerara o tempo para ir ao mercado (iniciar a implementação do negócio), de uma forma confiável e rápida. Isso permite o desenvolvimento da imagem da marca mais rapidamente. Os negócios e seus produtos evoluem ao longo de um período de tempo através do *feedback* dos clientes – argumenta Irani.

– Em um setor competitivo, os clientes podem não estar dispostos a esperar muito tempo pelo lançamento do produto ou serviço de sua empresa e optar por comprá-lo dos concorrentes. Se o lançamento do negócio for adiado por seis meses, o empreendedor dará chance para o concorrente conquistar seu mercado e seus clientes e, dessa forma, você terá um faturamento menor quando finalmente for ao mercado. É uma questão de quanto volume e de quanta receita você quer perder. Ao lançar seu negócio e realizar melhorias operacionais rapidamente, você vai mostrar a todos que está ouvindo seus clientes e introduzindo melhorias para viabilizar a eficácia das operações. Não há nada mais difícil do que o lançamento de um negócio com produtos ou serviços que se destinam a substituir os favoritos dos clientes, adquiridos da concorrência estabelecida. Mas, realmente, o que de pior pode acontecer? Sim, você pode falhar, mas milhares de pessoas bem-sucedidas falharam antes de você. O fracasso pode ser um grande professor. Uma dica para superar o medo é começar o negócio em pequena escala e crescer rapidamente, incorporando o aprendizado obtido por colocar a "mão na massa" no dia a dia das operações reais. Pense grande. Você pode, por exemplo, sonhar com um reluzente balcão de mármore, uma cozinha completa e uma localização privilegiada, mas começar pequeno, muitas vezes, pode ser o melhor passo para montar um restaurante. Essa experiência não só pode proporcionar uma visão dos fundamentos básicos que se aplicam ao negócio, mas também exige menos capital e, portanto, menor risco. Assim, o período de tempo em torno do desenvolvimento e lançamento de seu novo negócio deve estar concentrado na preparação para esse primeiro passo. Elimine o maior número de distrações que possam desviar o foco dessa importante atividade, e sempre tenha em mente sua visão de futuro para o negócio. Reinaldo, vamos falar de alguns fatores que contribuem para as outras falhas mais apontadas pelos participantes? – diz Irani.

– Sim, Irani. Trata-se dos recursos humanos inadequados – diz Reinaldo.

– Meus caros, seus negócios serão tão bons quanto as pessoas que vocês contratarem. Muitos profissionais estão dispostos a desenvolver sua carreira contribuindo para a realização do seu projeto empreendedor se você for apaixonado pelo negócio e mostrar isso a eles. Se um empreendedor quiser que sua empresa seja bem-sucedida, terá de encontrar colaboradores e parceiros que estejam em sintonia com a visão, os valores e os objetivos de seu negócio, mas que diferem em competência nas áreas-chave complementares a sua. O processo de contratação de colaboradores e parceiros leva algum tempo e preparação, a fim de recrutar os candidatos mais qualificados. Em primeiro lugar, o empreendedor precisa determinar quantos funcionários pretende contratar, quais são as suas competências e quais cargos precisam ser preenchidos. Depois de realizar o recrutamento e avaliar os currículos dos candidatos, deve cumprir as diretrizes legais da contratação de novos funcionários, realizar o treinamento e acompanhá-los na etapa de adaptação ao trabalho. O custo trabalhista é a maior despesa para muitas pequenas empresas. Para não desperdiçar recursos financeiros preciosos, você deve empregar uma quantidade precisa de colaboradores com as habilidades e credibilidade necessárias para seu campo de trabalho. Uma equipe diversificada, com diferentes conjuntos de habilidades, é fundamental para o sucesso de uma empresa – afirma Reinaldo.

– O Alê falou sobre uma falha cometida na implementação do seu negócio: a falta de treinamento e capacitação de seus funcionários. Eles são responsáveis pela maior parte do trabalho a ser feito dentro e fora da empresa, pela qualidade dos produtos e serviços ofertados e pelo desempenho de um relacionamento de excelência com os clientes. Sem treinamento adequado, os funcionários novos e atuais não vão receber as informações necessárias para desenvolver as habilidades e realizar as tarefas com a máxima eficiência. Sem essa capacitação, as empresas podem perder funcionários devido a várias razões, incluindo a incapacidade de finalizar tarefas de forma adequada e o não cumprimento de regras e diretrizes. A falta de formação adequada dos empregados eleva o custo dos negócios pela geração de desperdícios, além de criar um ambiente de caos, confusão e conflito, devido à falta de orientações específicas para o desempenho eficaz dos trabalhos – alerta.

> Um bom treinamento mantém os funcionários focados em suas atividades e atualizados sobre as formas mais produtivas de fazê-las. Sem treinamento, os empregados são menos propensos a completar tarefas de forma rápida e correta. Isso pode causar uma queda na produtividade da empresa, o que, por sua vez, pode reduzir drasticamente o lucro do negócio.

– Com a diminuição do lucro, torna-se mais difícil destinar recursos para a formação e a capacitação de seus colaboradores, criando um processo negativo que poderá inviabilizar o negócio. Se os funcionários não são treinados ou não recebem formação adequada, o relacionamento com os clientes pode sofrer grandes danos. Sem uma preparação adequada, os funcionários não saberão o que será exigido deles e, dessa forma, não vão entender completamente como devem tratar os clientes e como fornecer o que eles procuram, o que diminui, gradualmente, o nível de satisfação, até sua perda final – informa Reinaldo.

– Os sintomas do desequilíbrio entre as competências de uma pessoa e os níveis de treinamento exigidos geralmente se mostram por falta de cumprimento dos procedimentos e normas, utilização de atalhos na execução das tarefas, ocorrência de erros de julgamento, má vontade no exercício da função, desmotivação, insatisfação com o trabalho etc. Essas ocorrências podem produzir altas taxas de rotatividade de pessoal, elevando os custos associados às despesas de demissão e contratação de novos funcionários. Mesmo quando a empresa oferece um bom treinamento nas habilidades básicas, os colaboradores podem não entender completamente seus fundamentos ou serem incapazes de reter o que foi ensinado. Você deve contrabalançar essa deficiência com estreita supervisão e a criação de um ambiente amigável para a aprendizagem de seus colaboradores. Sugiro também que apresente ao novo empregado uma descrição detalhada do trabalho a ser realizado. Ela servirá de ferramenta de avaliação do desempenho do colaborador, medindo seu progresso e construindo a confiança do empregado em relação à empresa e ao empreendedor. Também é importante remover os obstáculos negativos para a aprendizagem. Elogio e *feedback* positivo reforçam e garantem os esforços de todos. Aqueles colaboradores que não responderem prontamente às oportunidades proporcionadas pelo treinamento devem ser aconselhados, o mais rápido possível a procurar desafios profissionais em outras empresas – diz.

– Durante sua apresentação, Mark citou o relacionamento insatisfatório com os subordinados como um dos desafios que teve de enfrentar no curso da implementação de seu empreendimento. As relações interpessoais e intergrupais em uma empresa iniciante podem significar uma ótima alavanca para o sucesso ou o seu completo fracasso. Essas relações ocorrem no dia a dia das operações de uma empresa, nas relações chefe-subordinado e entre os funcionários, individualmente ou em grupo. Não cabe no espaço deste bate-papo discutir cada dimensão em profundidade, devido a sua complexidade e ao extenso conteúdo. A uma única verdade relacionada com essa falha é que, para que ocorra o progresso, uma empresa necessita, através de uma forte atuação e liderança do empreendedor, tratar essas relações de forma adequada e equilibrada para obter um ambiente de trabalho de alta confiança e produtividade. Relacionamentos funcionam melhor e são mais saudáveis quando todos os componentes, das dimensões anteriormente citadas, acreditam que eles próprios são responsáveis por cumprir suas obrigações. Essa condição é a pedra angular do fortalecimento das relações e da construção da confiança no relacionamento – relata Reinaldo.

– Não estou falando de estabelecer "amizade", mas sim de edificar um ambiente de trabalho positivo, no qual as pessoas acreditem umas nas outras, no que se refere a seus princípios e propósitos, em bases éticas. Agindo dessa forma, o empreendedor vai incentivar o fortalecimento de relações de confiança entre os empregados e fazer com que as pessoas se sintam mais valorizadas dentro do local de trabalho. Também garante que os funcionários percebam que estão aplicando seu pleno potencial de conhecimentos e habilidades. Ao proporcionar esse ambiente, seus funcionários terão a sensação de que são membros apreciados de uma equipe. Isso aumenta o respeito pela empresa e incentiva uma atitude positiva no trabalho.

Esse fato acabará por reduzir as taxas de rotatividade de funcionários porque eles se sentem seguros nesse ambiente de trabalho agradável e, dessa forma, são muito menos propensos a procurar outro lugar para trabalhar. Como resultado, um trabalho de melhor qualidade será feito e a equipe será bem-sucedida. O aumento de produtividade ocorre juntamente com a redução do estresse no trabalho. Isso porque os funcionários serão capazes de gerenciar melhor seu tempo e, como equipe, vão se comunicar uns com os outros para definir prioridades e prazos. Por último, seus funcionários vão falar positivamente sobre a empresa fora do local de trabalho e isso vai melhorar a reputação e a imagem de seu empreendimento que, por sua vez, inspirará outros a desejarem trabalhar para você – conclui.

Giovanna apontou outra falha que merece destaque que é a falta de motivação da equipe. A motivação difere de um funcionário para outro, e cada um deles tem aquele estímulo que justifica seu trabalho. As razões para trabalhar são tão individuais como as digitais das pessoas. Mas todos nós trabalhamos porque assim obtemos algo de que precisamos. Isso tem um efeito sobre a nossa moral e a motivação, o que causa impacto positivo ou negativo na qualidade de nossa vida. Para muitos funcionários, o trabalho significa somente ganhar dinheiro: com o dinheiro na mão, eles buscam motivação em outro lugar e na realização de diversas necessidades e desejos. O impacto das atitudes e do comportamento do empreendedor sobre a motivação dos funcionários é imensurável. Pelas palavras, linguagem corporal e expressão do rosto, você transmite suas opiniões e intenções às pessoas que emprega – diz Reinaldo.

– Claro que existem diversos outros fatores, objetivos e subjetivos, que devem ser empregados para motivar a equipe, tais como tratar os funcionários com respeito, proporcionar reconhecimento, capacitá-los nas competências exigidas para o melhor desempenho de suas atividades, oferecer benefícios e compensações acima da média do setor da empresa etc. Mas nada é mais importante do que a presença do empreendedor e os primeiros momentos que ele gasta com o pessoal a cada dia. Comece o dia bem. Sorria. Ande de cabeça erguida e transmita confiança. Circule em torno do local de trabalho e cumprimente as pessoas. Compartilhe os objetivos e expectativas do dia. Deixe o pessoal saber que hoje vai ser um grande dia. Use palavras motivacionais simples e poderosas para demonstrar que você valoriza as pessoas, tais como "por favor", "obrigado", "você está fazendo um bom trabalho". Certifique-se de obter um *feedback* do empregado para saber se ele entende o que você precisa. Compartilhe os objetivos e as razões para fazer uma tarefa ou projeto e não enfatize apenas os números, se você deseja ter rapidamente um produto ou serviço de qualidade. Se fizer alguma mudança no meio do caminho em uma tarefa ou projeto, diga à equipe por que a modificação é necessária. Forneça também feedback regular para motivação dos funcionários, pois eles anseiam saber se fizeram bem um projeto ou tarefa ou se você está decepcionado com os resultados. Eles precisam dessa informação o mais rápido possível – aponta Reinaldo.

> **Defina uma agenda diária ou semanal e certifique-se de dar e receber** *feedback* **sob o andamento daquilo que foi estipulado, de forma negociada, com sua equipe. Você ficará surpreso com a eficácia dessas atitudes na construção da motivação e da moral.**

– O empreendedor deve também se empenhar para criar um ambiente de trabalho motivador, fornecendo uma direção clara para que os funcionários saibam o que é esperado deles por meio da fixação de objetivos e metas que se encaixam no quadro estratégico da empresa. Dessa forma, eles vão saber o que fazer e onde se encaixam. A qualidade e a variedade das opções de treinamento oferecida aos empregados, incluindo a integração de novos funcionários, desenvolvimento de gestão, novos conceitos para trabalho em grupo, formação de equipe ou como operar um novo aplicativo, contribui fortemente para a manutenção de um alto grau de motivação. Vou apresentar um conjunto de conhecimentos e habilidades que, depois de serem dominados pelos empreendedores, contribuirão fortemente para motivar os colaboradores da empresa. Forneça e receba *feedback*; dê elogios e reconhecimento; mantenha uma disciplina progressiva adequada; forneça instruções claras e objetivas; entreviste e contrate funcionários superiores; delegue tarefas e projetos, ouça ativa e profundamente, arquive cartas; anotações de arquivos e avaliações de desempenho; faça, sistematicamente, apresentações sobre valores, missão, visão e valores de seu empreendimento; gerencie seu tempo e ajude os funcionários nessa habilidade; planeje, execute e avalie projetos; tome decisões, gerencie reuniões e construa equipes habilitadas e um ambiente de trabalho em equipe – finaliza.

– Sem o comprometimento do empreendedor com a motivação de seus funcionários, a empresa poderá ser vítima de algumas distorções graves. A motivação insuficiente gera um moral baixo e pode resultar em um ambiente de trabalho hostil, com constantes reclamações e conflitos entre os colaboradores. Em uma empresa que é direcionada para atender o cliente, um ambiente de trabalho com o moral baixo pode resultar em diminuição das vendas e uma experiência pobre ou negativa do cliente. Falta de motivação também pode resultar em baixa produtividade dos empregados. Quando um trabalhador tem as habilidades e os recursos para realizar com sucesso seu trabalho, mas não consegue aplicá-los, uma provável causa pode ser a baixa motivação. Funcionários motivados têm o desejo de fazer seu trabalho com o melhor de suas habilidades. Um funcionário desmotivado carece de compromisso para trabalhar com suas mais completas capacidades – pontua Irani.

– Deve-se também considerar que, em um ambiente em que a motivação e o moral são baixos, é normal que os empregados procurem outra organização que valorize suas competências. A alta taxa de rotatividade de funcionários, decorrente desse fato, resulta em altos custos trabalhistas com o encerramento do contrato de trabalho e na incorrência de despesas para recrutar, contratar e treinar novos trabalhadores com maior frequência. Isto é, empregados sem motivação, muitas vezes, cometem mais erros no trabalho do que aqueles dotados de elevado moral e motivação. A baixa motivação pode levar ao desinteresse ou falta de cuidado com a qualidade do trabalho. Como resultado, as empresas sofrem o aumento significativo dos custos em virtude de erros cometidos por seus funcionários, como falhas na qualidade dos produtos ou serviços e no relacionamento com os clientes – informa ele.

– No planejamento de seu negócio, poucos empreendedores consideram o impacto das questões trabalhistas oriundas da contratação de colaboradores, relatado pela Rose em sua apresentação. Na maioria das vezes, só vão tomar consciência dessas questões ao implantar o empreendimento ou, na pior das hipóteses, quando enfrentam a primeira fiscalização trabalhista. Além de lidar com efeitos financeiros de uma ação trabalhista, em decorrência da aplicação inadequada das leis que regem o trabalho, o empreendedor vai limitar o crescimento do negócio devido à insegurança jurídica na aplicação dessas leis. Ressalto, neste tema, dois aspectos importantes que podem causar impacto, de diversas formas, nas atividades de uma empresa: o desconhecimento ou falta de cumprimento da legislação trabalhista e o valor para a contratação, manutenção e desligamento de funcionários. Estes, segundo diversos estudos, podem representar um custo adicional de até 100% sobre o salário recebido por um trabalhador formalmente contatado, dependendo da metodologia empregada no cálculo desse percentual. A variação no valor exato do custo do trabalho também é decorrente da complexidade da legislação trabalhista do país. Como um item de custo relevante, ele deve ser meticulosamente conhecido pelo empreendedor para computar os custos totais da empresa, visando à definição do preço de venda dos produtos ou serviços ofertados pelo negócio. Segundo nossa experiência em avaliação de planos de negócios, os empreendedores consideram como custo apenas a fração relativa ao salário a ser pago aos funcionários, sem levar em conta os encargos sociais – diz Reinaldo.

– O outro aspecto anteriormente apontado está relacionado com o desconhecimento das práticas trabalhistas ou com sua aplicação indevida. Dada a complexidade da legislação que regulamenta as relações trabalhistas, é impossível querer que um empreendedor conheça toda a legislação relativa ao direito do trabalho e se mantenha atualizado sobre as mudanças verificadas nesse conjunto de conhecimentos específicos. Um aspecto adicional, de um ponto de vista positivo, é que o empreendedor, ao cumprir corretamente a legislação trabalhista, cria uma relação favorável com os funcionários, com a diminuição dos atritos, e amplia o empenho deles na realização das tarefas e no alcance dos resultados esperados. Quando o empreendedor respeita os direitos de seu colaborador, ele conquista o apoio para a realização de seu sonho empreendedor – continua.

– Em seu relato, Bia apontou como um de seus problemas a contratação de pessoas erradas e a manutenção delas em sua equipe. Essa falha, enquanto não for sanada, pode pôr em risco todo o trabalho do empreendedor em criar, planejar e implantar o seu negócio. Parece óbvio que contratar as pessoas certas é fundamental para qualquer negócio, e isso é especialmente verdadeiro para uma pequena empresa com relativamente poucos empregados. Recrutar e selecionar a pessoa errada não só desperdiça tempo, dinheiro e energia, mas também cria uma onda de negatividade que afeta todos os outros funcionários e, portanto, o negócio. Uma pesquisa recente mostrou que 70% das pessoas não estão "efetivamente engajadas" em seus trabalhos. É esse o tipo de pessoa que um empreendedor quer para atender seus clientes, executar as tarefas operacionais, gerir seu negócio, sua marca e seu legado? Isso pode ocorrer por causa da gestão de pessoas inadequadas, que prejudicam os interesses dos empresários e dos candidatos ao emprego, por desconsiderar o que aprendemos sobre como as pessoas pensam, trabalham, aprendem e negociam suas habilidades, conhecimento e, sobretudo, atitudes.

– Somente entrevistar candidatos a uma vaga de emprego e, logo em seguida, colocá-lo em experiência talvez não seja a melhor maneira de encontrar as pessoas certas. A entrevista é, na melhor das hipóteses, um bom primeiro encontro, e não um casamento. Por quais períodos de tempo uma empresa iniciante pode se dar ao luxo de trabalhar com um funcionário errado para aferir seus resultados, habilidades, atitudes etc.? Quanto menor for o negócio, é provável que o empreendedor seja um especialista em seu campo. Transferir suas habilidades para os outros é relativamente menos difícil. Mas você não pode ensinar seu entusiasmo, uma sólida ética profissional e habilidades interpessoais. Essas características podem importar muito mais do que todas as habilidades que um candidato possua. De acordo com a nossa experiência, apenas uma pequena parcela dos novos contratados em nossas empresas falhou devido a deficiências em habilidades técnicas. A grande maioria fracassou por problemas de falta de motivação, disposição (má vontade) para ser treinado, temperamento inapropriado e baixo grau de inteligência emocional (capacidade de reconhecer os próprios sentimentos e os dos outros, assim como a habilidade de lidar com eles). Do meu ponto de vista, é melhor selecionar pessoas observando se o candidato tem atitudes e comportamentos positivos para o trabalho, tais como automotivação, auto-estima elevada, bom grau de inteligência emocional e temperamento equilibrado. Quando o potencial candidato não possui todos os conhecimentos e habilidades técnicas necessários, ele pode passar por um amplo programa de treinamento teórico e prático. Por último, mas não menos importante, quando um funcionário não corresponde positivamente à oportunidade de emprego oferecida, o empreendedor deve demiti-lo o mais rápido possível após dar uma e somente uma oportunidade de melhoria. Para tanto, o empreendedor deve realizar uma avaliação sistemática do desempenho do funcionário e, através do processo de *feedback*, mostrar o jeito certo de fazer as coisas certas – finaliza Reinaldo.

– Ter sócio significa criar uma aliança de longo prazo entre duas pessoas (ou mais). O empreendedor vai gastar muito tempo planejando, executando e tomando decisões estratégicas com seu sócio e convivendo com ele quase que diariamente. Afinal, os parceiros de negócios geralmente gastam mais tempo uns com os outros do que com seus cônjuges, parentes ou amigos. Estabelecer uma sociedade com uma ou mais pessoas, para ajudar a construir um projeto empreendedor, não é tarefa fácil. Um bom sócio compartilha sua visão e entusiasmo trazendo experiência nas áreas em que você é inexperiente. É alguém que está comprometido com as responsabilidades legais e financeiras do negócio. Mais importante ainda, é alguém com quem você se dá bem. Seu negócio é algo que você deu à luz e terá de cuidar para ajudá-lo a crescer. Você quer um sócio que vai participar do negócio com o mesmo nível de entusiasmo e compromisso que você tem e que compartilha da mesma filosofia e valores de negócio. Outras características comuns que as pessoas querem em seus sócios incluem honestidade, inteligência, senso de humor, estabilidade, comunicação e hobbies ou interesses comuns que podem ser importantes quando se trata de construir um relacionamento saudável, de longo prazo. Para começar sua busca para encontrar um sócio certo, concentre-se nas características e comportamentos que você prefere de seu futuro parceiro. No geral, seja paciente. É fundamental conhecer seus próprios valores, desejos e necessidades antes de entrar em um relacionamento societário. Tenha tempo suficiente para conhecer a personalidade de seu futuro sócio, a história dele e os sistemas de valores e ideais para avaliar se esta é uma relação de qualidade. Antes de 'casar', namore por um bom tempo. Além disso, ao firmar formalmente uma sociedade, considere a possibilidade de testar seu candidato a sócio como um mentor ou consultor do negócio – pontua Irani.

– É realmente uma boa opção escolher como sócios amigos e parentes? – pergunta Bia.

– Essa é uma das questões mais delicadas em relação à escolha dos sócios, porque entra em jogo uma dimensão extra no relacionamento societário: a emoção. Amigos e parentes criam vínculos emocionais sobre os quais é preciso refletir amplamente em vista do impacto que podem causar na convivência diária dos sócios. O que um empreendedor fará se um parente ou amigo admitido como sócio frustrar suas expectativas em relação ao comprometimento, entusiasmo, conhecimento, habilidades, padrões éticos etc.? A resposta óbvia é afastá-lo o mais rápido possível, antes que venha a criar problemas de continuidade do negócio. Mas como fazer isso e manter o mesmo grau de relacionamento anterior à entrada dessa pessoa no empreendimento? Lamento responder que essa solução é muito difícil de ser atingida. Quando amigos ou parentes nos decepcionam, ressentimentos podem ocorrer de uma maneira profunda e debilitante. Na maioria das vezes, a solução para esse tipo de problema cria um legado de acontecimentos negativos que impedem a reconstrução do relacionamento em bases positivas. Uma sociedade entre amigos ou parentes, para diminuir o risco de rompimento das relações anteriores, deve ser baseada na razão, e não na emoção. As mesmas dicas para escolha de sócios, anteriormente propostas, devem ser aplicadas, na medida do possível, na constituição de uma sociedade com amigos e parentes, especialmente aquela relacionada com a definição negociada das regras de saída de um sócio do negócio. Porém, se você está planejando iniciar um negócio com um amigo ou membro da família, saiba que estará em boa companhia. Uma boa proporção de startups é organizada entre amigos, familiares ou cônjuges. Isso faz sentido porque, em um ambiente de negócios altamente competitivo, o empreendedor deseja levar a cabo seus objetivos mais ambiciosos com pessoas de sua confiança – afirma o professor.

– Uma das mais infelizes e comuns situações que os empreendedores enfrentam é ter uma família que não compartilha de sua ideia empreendedora. Conviver com cônjuge, filhos, pais ou irmãos que não entendem suas aspirações empresariais, ou simplesmente se recusam a apoiá-las, pode ser, muitas vezes, o ponto de ruptura para muitos empreendedores em estágio inicial. Se as pessoas próximas a você não têm as mesmas aspirações em relação a sua ideia de negócio, elas podem ser uma fonte de desânimo e esmorecimento, aumentando significativamente os riscos de insucesso empresarial. Se quisermos uma vida feliz e satisfatória, temos de fazer sacrifícios pessoais, a fim de alcançar nossas aspirações. Manter um equilíbrio entre os dois mundos, o familiar e o empresarial, pode ser um objetivo relevante para o sucesso – complementa Reinaldo.

– Felizmente é possível ter uma carreira empreendedora de sucesso e uma vida pessoal gratificante e agradável se os empreendedores puderem contar com o apoio dos familiares na difícil e dura caminhada para a realização do sonho empreendedor. Sabemos quão importante somos para a família, e vice-versa. Mas, com a responsabilidade de ser mãe, pai ou cônjuge, tomar a decisão de empreender não é um processo rápido e fácil. Convencer sua família de que você está tomando a decisão certa pode ser difícil. Duas questões fundamentais devem ser respondidas antes de iniciar seu plano de montar uma empresa: Qual é a melhor maneira de expressar seus objetivos e suas ideias para seus familiares? O que você pode fazer para tranquilizá-los de estar tomando uma decisão inteligente, que resulta de uma profunda e demorada reflexão, e não de um julgamento superficial e apressado? A palavra mais reconfortante que eu poderia dizer agora é que cada membro da família vai apoiar sua ideia de negócio. Infelizmente, essa condição é um caso raro. Ter um ambiente familiar favorável a suas aspirações não significa que sua família vai concordar cegamente com seus objetivos e ambições. Na maioria das vezes, a sua família está preocupada com as consequências de você dar um salto para o mundo dos negócios e não atingir suas metas. Esse sentimento acrescenta uma boa dose de insegurança quanto ao futuro dos componentes da família do potencial empreendedor.

Por exemplo, se você vai deixar o emprego para montar um negócio, seu cônjuge, caso você seja o principal mantenedor financeiro da família, ficará com medo de não poder contar com um salário no final do mês para cobrir as despesas de casa, a mensalidade da escola dos filhos etc. – explica Reinaldo.

– O fato é que iniciar um negócio nunca é livre de risco e, se as alternativas de emprego com carteira assinada estão disponíveis para você, não será surpresa se a sua família tentar convencê-lo a não iniciar seu negócio. Também é importante lembrar que as pessoas que o amam e estão mais próximas têm tanto a perder quanto você. Se você for incapaz de garantir uma situação futura de conforto para seus entes queridos, esse fato vai afetá-lo profundamente. Da mesma forma, se for bem-sucedido, o que pode fazer para manter o equilíbrio entre trabalho e vida saudável? Você não seria o primeiro empresário a parecer um filho, irmão, cônjuge ou pai ausente. Esses pontos não estão sendo aqui abordados para forçá-lo a cair fora da ideia de iniciar seu negócio, mas para lhe dar alguma perspectiva sobre a forma como as pessoas ao seu redor sentem essa conjuntura. Se você quiser começar um negócio com o apoio da família, o primeiro passo é gastar algum tempo para refletir sobre essas questões. Claro que, com a família a seu lado, sua carreira empreendedora vai ser menos difícil. Pode ser inestimável ter alguém para conversar longamente sobre clientes difíceis, faturas pendentes, ideias de *marketing* etc. Então, o que você pode fazer, na prática, para ajudar a família a entende por que você está determinado a montar um negócio? Vou apresentar algumas sugestões para ajudá-lo a ganhar o apoio da família – diz ele.

– Nos primeiros meses de vida, seu negócio não será capaz de gerar dinheiro e necessitará de investimentos para consolidar seu plano de negócio. Você, talvez, use a poupança da família para começar, mas, durante esse período difícil, sua família precisa ter garantias de que essa situação não vai durar para sempre. Você vai ter sucesso em sua empreitada ou vai parar com essa experiência, dentro de um período de tempo pré-estipulado? Pense cuidadosamente sobre quanto tempo você precisa para construir seu negócio. Use um calendário e escreva a data de avaliação da situação de seu negócio para que você e sua família possam ver e acompanhar. Essa dica pode ajudar sua família a entender que a situação atual não vai persistir indefinidamente. Além disso, seja claro sobre o que vai acontecer quando o tempo se esgotar: por exemplo, você vai procurar um emprego de tempo parcial ou integral?

Mostre-lhes que você pesquisou seu negócio e tem uma compreensão clara das suas opções e chances de sucesso. Se não tiver certeza das oportunidades e ameaças futuras de seu negócio, seja honesto e diga-lhes que, apesar de ter dúvidas, você sente que a experiência vai valer a pena – ressalta.

– A segunda sugestão está relacionada com o uso de seu plano de negócios para mostrar às pessoas de sua família quais são seus objetivos e como você vai alcançá-los, especialmente aqueles relacionados com os retornos financeiros. Por último, qualquer discussão sobre o empreendedorismo e vida familiar deve abordar a questão dos sacrifícios impostos pela escolha dessa relação. Sem dúvida, se está construindo um negócio a partir do zero, saiba que você e seus familiares vão incorrer em muitos sacrifícios, tanto financeiros como emocionais. Essa é uma questão que deve ser amplamente discutida com seus familiares com toda transparência e honestidade possível. Você pode estar disposto a dedicar quinze horas de trabalho diariamente para atingir os objetivos do negócio, e seu cônjuge estará disposto a jantar sem você de forma contínua? Certifique-se de que não vai negligenciar as responsabilidades familiares por causa de seu negócio. Seja seu próprio patrão, mas faça o melhor que puder para mostrar a seus familiares que eles ainda têm um lugar importante e privilegiado na sua vida – conclui Reinaldo.

Vamos ao último grupo de falhas? Relacionamentos inadequados com fornecedores, citado por Mark como um dos problemas que ele enfrentou na implementação de seu empreendimento – diz Irani.

– Não importam os motivos pelos quais o empreendedor tenha construído um relacionamento inadequado com seus fornecedores críticos. Se essa situação perdurar, tenha certeza que o empreendedor estará pondo em risco a continuidade de seu negócio. Diante desse fato, ele deve se esforçar, urgentemente, para reconstruir a relação em bases positivas e sólidas. Agora é a ocasião oportuna para medir a situação atual desses conflitos e, em seguida, definir alguns desentendimentos passados. Para tanto, sugiro uma metodologia que identifique os fatos ocorridos e suas causas, que defina um plano de ações corretivas e acompanhe sua implementação. É também cabível criar um plano visando à construção de relacionamentos positivos com seus fornecedores vitais. Comece por avaliar sua relação atual com os fornecedores mais importantes. Isso pressupõe que você já tenha sua base de fornecimento segmentada e identificado os fornecedores mais críticos. Você pode realizar essa ação com todos os fornecedores, é claro. Mas, para maximizar o valor de seus esforços, uma boa ideia é priorizar a resolução de pendências com os fornecedores mais importantes. Uma vez que os principais fornecedores foram escolhidos, o empreendedor deve avaliar o estado atual de seu relacionamento com cada um deles – explica o professor.

– A parte mais importante deste primeiro passo é identificar e reconhecer os erros que foram cometidos por ambos os lados. Depois de determinar se vale a pena salvar o relacionamento, é hora de buscar uma comunicação aberta e honesta com cada fornecedor. A integridade e a confiança são a base de qualquer relacionamento, assim como a atitude de abordar questões difíceis de maneira franca e objetiva é apreciada por todos os envolvidos. Se você não está convencido de que a reconciliação é possível, não perca seu tempo ou o de seu fornecedor. O tempo e paciência necessários para reconstruir uma relação previamente desgastada ou interrompida podem ser de grande intensidade e, se uma das partes não tem compromisso com a solução das desavenças, uma verdadeira reconciliação torna-se duvidosa. Um item crítico desse processo envolve a identificação da(s) causa(s) dos problemas. Ambos os lados devem rever o relacionamento atual e as experiências passadas de forma objetiva durante essas discussões. Nesse tipo de conversa, emoções e envolvimento pessoal tendem a vir à tona. Essa é uma situação que você deve se esforçar para evitar. Se os participantes não levarem em conta as causas dos problemas, mas apenas os sintomas, inevitavelmente vão prevalecer detalhes não importantes que prejudicarão o alcance da reconciliação. Caso você esteja tendo muita dificuldade de reconciliação com qualquer um de seus fornecedores, terá de avaliar criticamente se deve continuar o relacionamento comercial com ele ou, se possível, considerar alternativas de fornecimento mais confiáveis – esclarece Irani.

– Agora que as causas da relação foram identificadas, o próximo passo é definir e implementar ações corretivas. Essas ações podem incluir alterações processuais, mudanças nos estoques de segurança, melhorias de comunicação ou mesmo mudanças de pessoal. Em seguida, as partes devem observar o impacto dessas ações corretivas sobre os sintomas originais (o "efeito") e garantir que as melhorias resultantes possam ser objetivamente medidas e quantificadas. Após a implementação de ações corretivas, as partes devem realizar reuniões de revisão para medir o progresso dos resultados. Isso ajudará a evitar armadilhas e manter o impulso para a mudança no relacionamento. É quase desnecessário dizer que essas revisões devem ser realizadas em tempo hábil. A reparação bem-sucedida de uma relação cliente-fornecedor dependerá em grande parte do envolvimento das partes e do compromisso de ambos os lados para a implantação das medidas corretivas. Se a continuidade do relacionamento vai ampliar o valor dos negócios para ambas as partes, então o compromisso para alcançar o sucesso (e a manutenção do relacionamento) deve ser explícito. Em outras palavras, o envolvimento do empreendedor na gestão do relacionamento com o fornecedor demonstrará a importância dessa atividade para a empresa. Lembre-se de que as relações cliente-fornecedor sólidas, saudáveis e estáveis são a base do sucesso de uma empresa. Você precisa de bons e confiáveis fornecedores. E quando os encontrar, trate-os como ouro. Trabalhar duramente para construir um bom relacionamento com os fornecedores é tão importante como edificar um bom relacionamento com os clientes. As empresas que sofrem por causa do enfraquecimento das relações com os fornecedores críticos certamente vão perder espaço para a concorrência – diz.

– Vou tratar agora das implicações virtualmente desastrosas que um mau relacionamento com o cliente, apontado como uma falha pela Rose e a Giovanna, podem ter sobre as pequenas empresas. Nunca se esqueçam de que um cliente decepcionado e com uma relação pouco agradável com algum colaborador ou o empreendedor vai memorizar essa experiência negativa para sempre. Obviamente, nenhum empreendedor deseja uma publicidade negativa para seu negócio. Os clientes, além de se lembrarem de um mau relacionamento ou produto de má qualidade, vão disseminar esse fato para as pessoas de seu conhecimento, sua família, amigos, vizinhos, colegas de trabalho ou até mesmo um estranho. Lembrem-se de que as pessoas são mais propensas a propagar sua opinião sobre um mau atendimento ou um produto de má qualidade do que espalhar um bom julgamento a seu respeito.

– Em qualquer setor econômico altamente concorrencial, é importante manter um relacionamento saudável e oferecer produtos ou serviços de qualidade ao cliente.

> Pesquisas revelam que conquistar novos clientes custa até cinco vezes mais que fidelizar um cliente existente. Ofertar produtos ou serviços de qualidade é um ponto crítico para o crescimento de uma empresa. Os empreendedores e seus colaboradores cometem falhas no relacionamento com os clientes com muita assiduidade.

– Quando há escorregadela no atendimento de um cliente, é importante trabalhar, em passo acelerado, para readquirir a confiança perdida. Reconhecer os erros é uma grande oportunidade de aprendizado para todos. A queixa dos consumidores é uma mina de informação, novidade e criatividade. A primeira atitude que deve ser tomada é assumir a culpa e pedir desculpas pela falha cometida. Determinados empreendedores são resistentes em praticar essa sugestão. Negar a ocorrência do erro e dar desculpas esfarrapadas vai tornar o cliente ainda mais irritado. Os clientes não desejam justificativas, mas soluções. Ressalto que o mau relacionamento com os clientes pode ser atribuído à insatisfação dos colaboradores com as condições de trabalho, os salários abaixo do mercado ou a falta de treinamento adequado, o que pode estabelecer um clima interno no qual os funcionários não são motivados a desenvolver suas aptidões profissionais – ressalta Irani.

– Quando o empreendedor atende razoavelmente às necessidades dos funcionários em primeiro plano, aumenta as possibilidades de que eles coloquem os clientes em primeiro lugar porque se sentem felizes. Os clientes, quando se deparam com funcionários indiferentes e com atitudes improdutivas, com a infinidade de opções disponíveis hoje, buscam concorrentes que atendam melhor às suas necessidades. Preocupar-se com os clientes é assegurar que suas necessidades e desejos sejam acolhidos. Como o empreendedor e seus colaboradores podem alcançar esse objetivo? Pedindo a opinião deles. Agindo dessa forma, vão edificar relacionamentos saudáveis e produtivos, nos quais todos sejam favorecidos. Pratique o hábito de escutar a opinião dos clientes. Questione-os para obter mais detalhes e ideias que poderão ser desenvolvidas para aprimorar o relacionamento ou os atributos de seus produtos ou serviços. Os atuais ou novos clientes podem até pagar um pouco mais se estiverem satisfeitos com os produtos, serviços e o relacionamento de qualidade. Clientes bem atendidos são inclinados a propagar sua experiência positiva, um meio inteligente de conquistar publicidade positiva gratuita, do tipo boca a boca, que nada custa ao empreendedor – finaliza.

– Encerrando esses comentários sobre as falhas mais comuns que os empreendedores cometem, vou abordar um tema que, de certa forma, é o resumo do que pode acontecer quando essas falhas não são evitadas: o reflexo sobre a imagem ou reputação da empresa, revelado pela Bia como um dos desafios que teve de enfrentar no momento da implementação de seu projeto empreendedor – declara Reinaldo.

– A reputação ou imagem de uma empresa é a avaliação, positiva ou negativa, realizada por todas as pessoas que, de alguma forma, têm algum interesse no negócio, considerando sua história e seu futuro. Criar, manter e proteger a reputação ou imagem positiva do negócio significa muito para o sucesso dos empreendedores e isso demora algum tempo para se consolidar. Qualquer ação mais desastrosa, praticada pelo empreendedor ou por seus colaboradores, tais como comercializar um produto ou serviço com defeito, dar uma resposta inadequada à reclamação do cliente, levantar dúvidas quanto à aplicação correta de recursos financeiros, negligenciar a responsabilidade social e ambiental etc., tem o poder de danificar rapidamente uma reputação favorável e duramente conquistada. A qualidade dos produtos e serviços é a única causa que ultrapassa a "imagem" como o principal indutor do sucesso de um empreendimento. Estabelecer boa imagem entre sócios, colaboradores, clientes, fornecedores e a sociedade em geral é muito importante. Qualquer empreendimento deve projetar, sistematicamente, uma imagem positiva para o ambiente de negócios em que está inserida, visando conquistar e reter talentos, clientes e estabelecer relacionamentos de qualidade com todas as demais partes interessadas. A reputação, traduzida pela imagem que o mundo dos negócios tem de uma empresa, supera a importância da marca – continua ele.

– Vou apresentar algumas sugestões para a sustentação da reputação de um empreendimento. Acima de tudo, utilize sua declaração de valores em qualquer decisão que tiver de tomar. Considere sempre os comentários, na forma de críticas ou sugestões, das pessoas físicas e jurídicas que de alguma forma estão ligadas, por algum tipo de interesse, a sua empresa. O empreendedor deve conhecer o que essas pessoas pensam sobre a condução do empreendimento e pode até não gostar do que eles pensam, mas a avaliação deles sobre o seu negócio vai afetar, positiva ou negativamente, as relações que você tem com eles. Reafirmo o que foi dito anteriormente sobre a importância de manter um relacionamento positivo com os clientes. Os empreendedores focados fortemente em satisfazer as necessidades e desejos dos clientes têm maior chance de sucesso porque constrõem a reputação de seu negócio com base no princípio da fidelização. Cada empreendimento deve desenvolver processos que garantam que seus produtos ou serviços sejam seguros. Eles também devem atender às normas legais de segurança do setor. Estabeleça relações confiáveis e duradouras com os fornecedores, os clientes e os colaboradores para envolvê-los na criação e manutenção de uma reputação forte do empreendimento. Nunca fique parado no tempo, pois seus concorrentes podem deixá-lo para trás – alerta Reinaldo.

– Inove sempre seus produtos e serviços. Essa é a única maneira de se manter à frente dos concorrentes. Desenvolva os meios para manter os custos e as despesas da empresa sob rígido controle, eliminando todo desperdício e ineficiência operacional, mas tomando cuidado para não prejudicar a qualidade dos produtos ou serviços. Essa ação se justifica para não diminuir a margem de lucro do negócio, o que impedirá a realização dos investimentos necessários para ampliar e modernizar sua empresa. Adote práticas de responsabilidade social como uma ótima oportunidade de gerar uma imagem positiva da empresa. Essas práticas se enquadram dentro das seguintes opções: reciclagem de resíduos, redução do emprego de energia convencional, utilização de energia renovável, estabelecimento de parcerias com a comunidade em que a empresa está inserida por meio de estímulos e cooperação nas áreas de educação, saúde, lazer e segurança, prevenção contra práticas de discriminação ou assédio no ambiente de trabalho, promoção da qualidade de vida dos colaboradores etc. Edificar e sustentar uma imagem ou reputação favorável exige do empreendedor uma expressiva perseverança e uma obrigação permanente de cumprir e fazer cumprir os valores da empresa, não importando seu porte e o momento de seu ciclo de vida. Essas ações devem ser entendidas e apoiadas pelos colaboradores para assegurar que todos estão envolvidos na sua construção – conclui.

Como considerar
os prós e contras do modelo familiar de empresa

– **Este** tema aborda um caso muito particular de sociedade entre cônjuges (esposo, esposa, companheiro ou companheira) com quem se tem uma união estável, oficial ou não. Os desafios de trabalhar com um cônjuge são muitos. Em primeiro lugar, você precisa correr esse risco? Considere os desafios anteriormente apontados de uma parceria de negócios simples. Em seguida, avalie os desafios de uma união. Agora, pondere sobre as dificuldades ao combiná-los. Embora não existam estatísticas precisas sobre o que acontece quando os cônjuges tentam executar um negócio juntos, estimativas de especialistas são sombrias: poucas sociedades de negócio entre cônjuges dão certo. O modo como o empreendedor deverá agir ao trabalhar com seu cônjuge pode determinar se essa é uma ótima maneira de tornar seu relacionamento mais forte ou um caminho mais rápido para a separação. Nos casos em que esse tipo de sociedade dá certo, há um enorme potencial para o crescimento pessoal dos cônjuges. Quando se é constantemente confrontado por alguém que conhecemos tão bem e em quem confiamos, como os nossos cônjuges, temos a oportunidade extraordinária para corrigir nossas falhas e desenvolver nosso crescimento pessoal – diz Irani.

– Algumas dicas podem nos ajudar a aumentar a probabilidade de sucesso desse tipo de sociedade: monte um negócio com seu cônjuge somente se vocês dois tiverem interesses comuns e não porque as outras opções falharam. Reconheça que no negócio você estará sempre competindo para sobreviver, mesmo com seu cônjuge. Siga as dicas anteriormente apresentadas para construir uma sociedade com maior possibilidade de sucesso, especialmente aquelas que sugerem a necessidade de estabelecer previamente um acordo que apresente os direitos e responsabilidades de cada sócio, bem como as regras para saída do cônjuge em casos de conflito. Sua casa e sua empresa são ambientes diferentes e, como tal, têm uma dinâmica própria. Você precisa ser capaz de "colocar um chapéu diferente em cada um". Quando estiver no ambiente de sua casa, use o chapéu de cônjuge, companheiro. Quando estiver na empresa, use o chapéu de empreendedor dedicado a obter sucesso em seu empreendimento. O mais importante é que tudo o que acontecer em casa não deve transitar para o trabalho, e vice-versa – pontua ele.

– É importante ter em mente que não importa o que está acontecendo no negócio, seu casamento deve vir em primeiro lugar. Se você tentou seguir todas essas dicas e a sociedade com seu cônjuge ainda não está dando certo, então é hora de proteger o seu relacionamento. Isso pode significar que um de vocês tem de sair do negócio e encontrar outro local para desenvolver seu talento e uma solução que preserve o relacionamento de vocês e o negócio – diz.

– Essa inclusão, a de parentes no negócio, pode ocorrer em qualquer momento do ciclo de vida da empresa e significa ter familiares de qualquer grau na gestão do negócio, seja na condição de sócio, seja ocupando um ou mais cargos na estrutura da empresa. Em primeiro lugar, é importante saber que a grande maioria das empresas possui as características de empreendimento familiar. No Brasil, segundo estudos do Sebrae, elas representam cerca de 90% do total de empresas de micro e pequeno porte e são responsáveis por uma fatia significativa da geração de riquezas e empregos. O empreendedor que tem a intenção de desenvolver um negócio em conjunto com um ou mais familiares, na condição de sócio ou gestor, terá de enfrentar diversos desafios que, se forem tratados adequadamente, resultarão em uma experiência empresarial gratificante. Dentre os principais desafios, esse estudo do Sebrae informa que o maior de todos está relacionado com a sucessão dos familiares no comando da empresa.

> Segundo dados dessa pesquisa, apenas 30% das empresas familiares constituídas no Brasil continuam existindo até a segunda geração de descendentes de uma mesma família; 15% sobrevivem até a terceira e apenas 4% até a quarta.

A esse desafio, incluímos outros de mesma relevância, tais como a grande maioria desse tipo de empresa não ter programa estruturado de sucessão e ainda não definiu os herdeiros que deverão suceder os atuais gestores. Elas também não possuem mecanismos para minimizar a ocorrência de conflitos não equacionados devidamente entre os familiares – um fenômeno que ocorre comumente nessas empresas e que é responsável por mais de 60% dos motivos de seu desaparecimento. Conflitos entre os membros da família, dentro e fora do negócio, são, muitas vezes, os responsáveis pelo baixo grau de motivação dos colaboradores que não pertencem à família e colaboram para o eventual insucesso do empreendimento. Os assuntos familiares negativos e não resolvidos geram conflitos relacionados com a condução da empresa familiar – argumenta Reinaldo.

> Ao decidir por esse modelo de sociedade e de gestão, o empreendedor deve conhecer alguns prós e contras.

– Criar uma empresa familiar pode ser um sonho interessante ou um grande pesadelo. Como qualquer aspecto de nossa vida, ela tem vantagens e desvantagens. Dentre as principais vantagens, cito o fato de que os membros da família se comportam como guardiões dos valores da empresa e do capital investido pela família, que deve ser preservado e multiplicado para o bem da próxima geração – diz Irani.

– Esse fato faz com que eles tenham uma visão de longo prazo sobre o negócio. A inclusão de familiares no dia a dia do empreendimento significa ter pessoas mais comprometidas com os resultados de um negócio em relação aos colaboradores que não pertencem à família. Sabemos que, quando o negócio passa por momentos difíceis, podemos contar com aquele esforço extra dos familiares para fazer o que é necessário para suplantá-los. Uma empresa familiar considera que o sucesso do negócio não é só medido pelo lucro originado pelas atividades, mas também por geração de renda, empregos e benefícios para a comunidade, dando oportunidade aos membros da família de contribuir para um mundo melhor.

Ressalto também uma peculiaridade importante das empresas familiares – a constância de propósitos a longo prazo, porque não estão pressionadas para distribuir o lucro e gerar resultados a curto prazo, fatos que são comuns nos dias atuais e que as empresas não familiares têm de tolerar. A maior parte dos negócios familiares tem uma estrutura hierárquica e modelo de gestão simplificados. Essa condição confere ao empreendimento maior facilidade para tratar dos desafios inerentes ao negócio, tomando decisões e conduzindo mais rapidamente a empresa rumo às mudanças nas condições do setor de atuação. Temos também de considerar o fato de que em um empreendimento familiar os proprietários e gestores que pertencem à família estão mais comprometidos com a reputação do negócio e em construir relações saudáveis e estáveis com os clientes e fornecedores, visando salvaguardar a integridade do nome familiar. A política de recursos humanos nesse tipo de empresa é menos predisposta a fazer reduções significativas no quadro de colaboradores nos momentos em que ocorre alguma crise mais grave e, dessa fomra, criam na equipe um espírito de lealdade superior ao que reina em outros tipos de organizações – diz ele.

A decisão de criar uma empresa com a participação da família sempre traz algumas desvantagens. Em uma empresa familiar, os interesses familiares geralmente se confundem com os do negócio.

> Desavenças entre familiares ocorridas no passado, somadas a sentimentos de ciúme, raiva ou ressentimento, podem ser levadas para o ambiente da empresa, assim como podem surgir fortes pressões para que as despesas da família sejam suportadas pelo negócio, acima de valores financeiros razoáveis.

Um fato comum relacionado com a empresa familiar é que qualquer membro da família pode se acomodar confortavelmente em seu cargo por perceber que está protegido pelos laços familiares, o que gera indiferença e um desempenho medíocre. Outra grande desvantagem é a tendência de manter o negócio e suas questões estratégicas restritos à família, provocando grande frustração e insegurança entre os colaboradores e demais parceiros da empresa. Quando parte dos colaboradores ou sócios são os membros da família, pode ser difícil construir uma relação estritamente profissional no ambiente de trabalho.

– Reflitam sobre esses prós e contras da participação de familiares no negócio. As desvantagens apontadas podem ser fortemente minimizadas com a adoção de um modelo de empresa familiar estruturado com mecanismos apropriados para tal fim. O grande segredo do sucesso de uma empresa familiar é estabelecer o equilíbrio entre os diversos interesses dos membros da família para evitar potenciais conflitos. Depois de avaliar as vantagens e desvantagens, caso o empreendedor decida ir adiante com a ideia de permitir a participação de familiares no negócio, ele vai precisar se preparar para enfrentar, com sucesso, as diversas situações positivas e negativas que essa decisão pode acarretar. Ele necessita avaliar a vida pregressa dos familiares, projetar o que pode acontecer no futuro e se preparar para essas situações, adotando medidas legais e administrativas desde o início do negócio. Deve desenvolver e formalizar procedimentos para lidar com os conflitos e criar estruturas e meios para garantir a contínua atualização da empresa, mesmo tendo de ir contra eventuais barreiras impostas por alguns membros da família. Deve contratar um bom advogado ou consultor para a inserção, no contrato social da empresa, de regras de saída de sócios, bem como para redigir um acordo formal, firmado por todos os membros da família e que contenha regras explícitas sobre o que pode ou não pode ser feito pelos familiares na gestão do negócio para garantir o seu futuro e o da empresa a longo prazo – conclui Reinaldo.

Como avaliar
as vantagens e as desvantagens do modelo de franquia

– **Gostaria** de apresentar em conjunto com o Reinaldo alguns temas que complementam os expostos anteriormente. Vou iniciar com o tema relacionado com franquias. Incluí esse tema porque em nosso grupo há uma empreendedora que tem uma experiência com esse modelo de negócio, a Bia. O outro motivo é o fato de que alguns companheiros deste bate-papo mencionaram o desejo de expandir seus negócios através de um sistema de franquias. A aquisição de uma franquia é uma escolha adequada para um potencial empreendedor que deseja ter um negócio próprio, mas que ainda não encontrou uma oportunidade concreta e, portanto, troca a incerteza pela garantia proporcionada por um modelo de negócio já desenvolvido e de sucesso. Essa experiência, no entanto, pode ser positiva ou negativa. A experiência negativa decorre de algumas falhas cometidas pelo franqueado antes e durante o processo de compra da franquia – aponta Irani.

– A aquisição de uma franquia pode ajudar o empreendedor a suplantar essas limitações porque está comprando um sistema de negócio completo e que já provou sua viabilidade. As franquias, na grande maioria, desenvolvem um sistema de negócio que o empreendedor deve adotar caso decida adquiri-la. Ele é planejado para replicar um modelo de negócio que deu certo, suprimindo algumas falhas geralmente cometidas pelo empreendedor novato e que foram anteriormente apresentadas nesta reunião. Abrir um pequeno negócio e adquirir uma franquia são duas situações distintas. A existência de um sistema de negócio estruturado cria, para uma franquia, maior possibilidade de o empreendimento alcançar o sucesso, com menor risco para o empreendedor. Já quando se implementa um novo negócio, os riscos são bem maiores, em razão das diversas causas apontadas em nossos encontros anteriores. Estudos do Sebrae evidenciam que as franquias apresentam um percentual de êxito de quase 80% em relação aos 15% observados em empresas iniciantes – informa o professor Irani.

– Em nossa apresentação, tivemos a oportunidade de explicar as dificuldades ou impossibilidades enfrentadas pelo empreendedor para obter financiamento no sistema financeiro, devido ao alto risco dos novos empreendimentos. No caso da aquisição de uma franquia consagrada, é mais fácil obter um financiamento, porque ela tem um histórico de sucesso confirmado e menor risco de descumprimento do pagamento do principal e dos juros dos empréstimos concedidos. Uma contribuição importante fornecida pelos franqueadores a seus franqueados é a oferta de um programa de treinamento, visando garantir a operação eficaz da franquia e ajudando a eliminar as falhas comuns que o empreendedor novato geralmente comete. Outra vantagem de adquirir uma franquia é que você jamais se sentirá isolado nos momentos em que tiver de tomar uma decisão, devido ao apoio fornecido pelo franqueador, que é o principal interessado no crescimento e sucesso da franquia. Outra facilidade obtida é que o franqueador se responsabiliza pela propaganda do negócio, mediante o pagamento de uma taxa para compor um fundo comum para financiar ações coletivas de *marketing* – argumentou.

> Ao investir em uma franquia, o empreendedor terá uma região geográfica específica para realizar seus negócios, isto é, você terá a garantia de exclusividade de atuação em uma área previamente definida, o que impede que outras franquias, do mesmo franqueador, se instalem nesse espaço. Esse tipo de investimento exige do empreendedor uma avaliação prévia do histórico de atuação da franquia e de seu tempo de existência.

– Quanto maior for o período de operação do sistema, mais razoável será concluir que tenha passado por múltiplas etapas de desenvolvimento e aperfeiçoamento e, assim, ter um modelo de negócio mais seguro. É também conveniente que o empreendedor obtenha a opinião dos atuais franqueados sobre sua relação, experiência e resultados obtidos com a franquia que pretende adquirir. Claro que a aquisição de uma franquia proporciona algumas desvantagens que devem ser consideradas pelo empreendedor. Os investimentos e as demais despesas podem ser mais elevados do que os previstos. Além dos recursos financeiros iniciais dos quais terá de dispor para adquirir a franquia, o empreendedor deverá efetuar pagamentos contínuos para fazer uso dos direitos do franqueador do sistema e também concordar com aquisição de produtos ou serviços impostos pelo franqueador. O empreendedor deverá considerar a possibilidade do contrato de franquia conter ressalvas sobre o modelo de gestão do negócio e não permitir mudanças para se adaptar às condições específicas do mercado em que atua. Um risco provável, quando investimos em uma franquia, é o prejuízo para a marca em decorrência de atos desonestos praticados por outros franqueados, o que pode manchar a reputação da franquia e causar danos para todos – informa Reinaldo.

– Adotar o sistema de franquia visando à ampliação rápida de um negócio é uma estratégia interessante, principalmente se o negócio puder ser replicado.

O formato mais simples de uma franquia consiste na venda dos direitos de uso do nome, marca ou patente que pertencem a determinada empresa (franqueador) para um potencial investidor (franqueado) que deseja explorar esse tipo de negócio. Outro modelo usual de franquia é dotado de uma formatação mais completa que envolve o fornecimento, pelo franqueado, de uma tecnologia integrada de negócio, contendo pesquisa da localização da unidade franqueada, modelo de negócio, planos de *marketing*, treinamento do franqueado e de seus colaboradores, ações de *marketing* cooperativas, manuais de processos e operação, financiamento etc. – diz.

– Criar a franquia de um negócio não pode ser considerada uma tarefa simples. Na realidade, poucos negócios podem ser expandidos seguindo esse modelo. Para tanto, aqueles que possuem potencial para se transformar em uma franquia devem, entre outras condições, ter um produto ou serviço de excelência que possa atrair outros potenciais empreendedores. Seu modelo de negócio necessita ser simples para facilitar a transmissão do conceito mediante um treinamento específico da operacionalização para proprietários e funcionários, incluindo manuais que apresentem os métodos e processos para cada aspecto do negócio. Como já afirmamos, é muito importante que o negócio seja replicável, ou seja, ele precisa ser um modelo passível de ser multiplicado sem perder o conceito e os fundamentos básicos. O empreendedor que almeja transformar seu negócio em uma franquia deve avaliar a possibilidade de desenvolver um sistema total do negócio, documentando em detalhes todas as operações, incluindo os aspectos legais que a franquia abrange, para assegurar que os procedimentos operacionais possam ser repetidos com sucesso pelos franqueados. Esses procedimentos devem ser precisos, para evitar improvisações e operações fora do padrão de qualidade exigido para que o franqueador alcance os resultados desejados. Esteja ciente de que a opção por um sistema de franquias para ampliar um negócio pode demandar maior volume de investimentos e despesas quando comparado com outras estratégias de crescimento empresarial. Para tanto, avalie previamente seu plano de negócio para verificar se ele vai proporcionar uma margem de lucro compatível com o investimento a ser realizado – aponta Irani.

Como empreender
no modelo de empreendedorismo corporativo

— **Retomo** a palavra para abordar um penúltimo tema especial deste bate-papo empreendedor: o empreendedorismo corporativo – diz Irani.

– Incluí este assunto em nossa conversa devido ao fato de termos no grupo o Rafael, um empreendedor com essa característica. O empreendedorismo corporativo consiste em todas as ações empreendedoras realizadas no ambiente interno das empresarias já constituídas. Empreendedores corporativos como ele, recebem aprovação formal da alta direção da empresa em que trabalham para desenvolver alguma nova oportunidade de negócio identificada, suporte de recursos direcionados à inovação em novos produtos ou a melhorias nos produtos ou serviços existentes, assim como em processos, práticas de marketing etc. Como tivemos a oportunidade de demonstrar ao longo de nossas conversas, a construção de novos empreendimentos é de fundamental importância para o desenvolvimento econômico e social. Essa ação pode ser de iniciativa de pessoas autônomas ou de empresas já formadas. No primeiro caso, temos o empreendedorismo de negócios, enquanto no segundo, o empreendedorismo empresarial ou corporativo. Esse último tipo é considerado um modelo essencial para a inovação de empresas existentes. É utilizado como um instrumento para a ampliação de negócios através do acréscimo de novos produtos, serviços e processos.

– As empresas de médio e grande porte sabem que, para continuar seu processo de desenvolvimento e renovação dependem da concepção de novos negócios. Depois de esgotarem as estratégias de redução de tamanho, crescimento obtido por inovações incrementais nos atuais produtos, serviços e processos, enxugamento de custos ou deslocamento do foco de negócios para países emergentes, elas compreenderam que já não é possível prosseguir nesse processo para atingir o sucesso – diz o professor.

– No entanto, adotar como estratégia o empreendedorismo dentro de suas fronteiras é um caminho marcado por muitos riscos. Essa ação se confronta com muitos obstáculos. Estudos recentes revelam que a maioria dessas iniciativas resulta em fracasso. Um novo empreendimento tem grande dificuldade de integração com os processos e cultura profundamente enraizados nas médias e grandes empresas. O sucesso dessa estratégia de revitalização e expansão do portfólio de negócios existentes demanda uma combinação balanceada de modelos de atuação modernos e clássicos. Como sabemos, os empreendimentos de grande porte são geralmente conservadores e burocráticos. São planejados para garantir o sucesso dos negócios existentes porque eles determinam a maior proporção do faturamento. Os processos operacionais são desenhados para apoiar os clientes e as tecnologias atuais, e as ações dos principais gestores estão, basicamente, voltadas para gerar estabilidade, eficiência e proporcionar um crescimento incremental dos negócios. A mudança desses paradigmas, para aceitar ideias inovadoras, gera grande dificuldade. Novas ideias necessitam ser analisadas metodicamente, caso proporcionem reais oportunidades para o crescimento dos negócios das empresas, ressalta Reinaldo.

– É óbvio que nem toda oportunidade vai se transformar em um negócio rentável. A empresa deve desenvolver uma cultura que admita maior tolerância com os prováveis erros na seleção de novas oportunidades, visando encontrar empreendimentos com alto potencial de sucesso. Dentro dessa perspectiva, o empreendedorismo corporativo é cada vez mais aceito como um meio eficaz para o aumento do desempenho empresarial e promoção da inovação, objetivando o aumento da competitividade mediante a criação de novos negócios. Para tanto, uma das tarefas fundamentais do líder de negócios é gerar condições especiais para que a atividade empreendedora seja estimulada. Essa direção inclui a criação de uma cultura corporativa em que os colaboradores possam exercer abertamente a criatividade, a inovação, a confiança e o risco de fracassar. Além disso, é necessário o empreendedor prover os colaboradores de habilidades e conhecimentos, oferecer apoio à gestão, permitir o acesso aos recursos, dispor de estrutura de apoio e definir objetivos passíveis de serem alcançados pelos empreendedores.

Resumindo: o empreendedorismo corporativo está sujeito à capacidade dos colaboradores de empreender oportunidades empresariais e da percepção dos principais gestores da empresa da importância de adotá-lo como estratégia de crescimento, em um momento específico – conclui Irani.

Após concluírem o último tópico deste papo empreendedor, Reinaldo e Irani acreditam que seus empreendedores têm ferramentas suficientes para seguirem sozinhos.

– Esse tempo que passamos juntos foi de grande valia. Vamos torcer muito para que vocês possam continuar em busca da realização de seus sonhos. Empreender é algo que exige tempo, disposição e muita paciência, mas os frutos colhidos podem ser maravilhosos. Contem conosco e boa sorte em seus empreendimentos! – diz Irani.

– Estar educados financeiramente, seja em sua vida pessoal ou profissional, é pré-requisito para que se tenha sucesso e sustentabilidade financeira. Invistam na beleza de seus sonhos! – finaliza Reinaldo.

Outras obras

Reinaldo Domingos
Terapia Financeira - Realize seus sonhos com Educação Financeira
Livre-se das Dívidas
Eu Mereço ter Dinheiro
Ter Dinheiro Não tem Segredo
Sabedoria Financeira
O Menino e o Dinheiro
O Menino, o Dinheiro e os Três Cofrinhos
O Menino, o Dinheiro e a Formigarra
O Menino do Dinheiro - Sonhos de Família
O Menino do Dinheiro - Vai à Escola
O Menino do Dinheiro - Ação Entre Amigos
O Menino do Dinheiro - Num Mundo Sustentável
O Menino do Dinheiro - Pequeno Cidadão
Coleção DSOP de Educação Financeira para o Ensino Básico: Ensino Infantil, Fundamental I e II e Médio
Coleção Dinheiro sem Segredo
Programa DSOP de Educação Financeira para Jovens Aprendizes
Programa DSOP de Educação Financeira para Jovem Adulto
Apontamento de Despesas
Apontamento de Despesas do Empreendedor

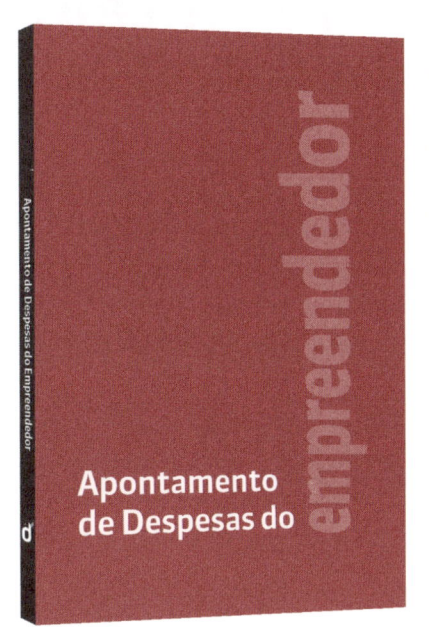

O **Apontamento de Despesas do Empreendedor** servirá de apoio para que você controle, desde o início do seu empreendimento, as suas saídas de dinheiro. Para descobrir se está gastando mais do que pode, este apontamento está dividido por tipo de despesa. Logo, você descobrirá quais são os tipos de despesas que mais têm deixado seu negócio no vermelho.

Já o **Apontamento de Despesas** tem como função auxiliá-lo no controle de suas finanças pessoais. Assim, você pode descobrir, com este apontamento, como está sua vida financeira pessoal e, com o Apontamento do Empreendedor, como está a vida financeira do seu negócio. O Apontamento de Despesas também está presente no livro Terapia Financeira, de Reinaldo Domingos.

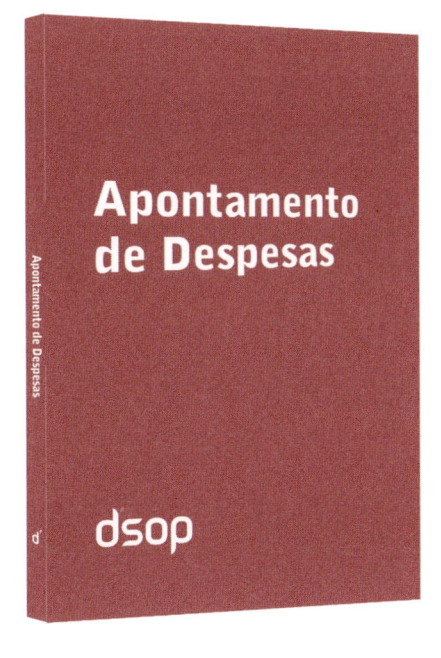

DSOP Educação Financeira

Disseminar o conceito de educação financeira contribuindo para a criação de uma nova geração de pessoas independentes financeiramente. A partir desse objetivo principal, foi criada, em 2008, a DSOP Educação Financeira. Presidida pelo professor, educador e terapeuta financeiro, Reinaldo Domingos, a DSOP Educação Financeira oferece uma série de produtos e serviços sob medida para pessoas, empresas e instituições de ensino interessadas em ampliar e consolidar o conhecimento sobre o tema.

São cursos, seminários, *workshops*, palestras, formação de educadores financeiros, capacitação de professores, Pós-Graduação em Educação e *Coaching* Financeiro, licenciamento da marca DSOP por meio da Rede de Educadores DSOP e Franquia DSOP. Mantenedora da Associação Brasileira de Educadores Financeiros - Abefin.

Cada um dos produtos foi desenvolvido para atender às diferentes necessidades dos diversos públicos, de forma integrada e consistente. Todo o conteúdo educacional é desenvolvido pela Editora DSOP e segue as diretrizes da **Metodologia DSOP**, concebida a partir de uma abordagem comportamental em relação ao tema finanças.

Criada por Reinaldo Domingos, a Editora DSOP é referência em Educação Financeira e atua também nos segmentos de autoconhecimento e desenvolvimento pessoal e literatura de ficção nacional e estrangeira. A DSOP Educação Financeira e a Editora DSOP são certificadas pelo ISO - 9001.